Vielfalt gestalten

Heike Baum

# Vielfalt gestalten

## Flüchtlingskinder in der Kita

HERDER

FRE BURG · BASEL · WIEN

Umschlagkonzeption und -gestaltung:
SchwarzwaldMädel, Simonswald
Umschlagabbildung: © www.istockphotos.com/vgajic/83779471

Satz und Gestaltung: Susanne Lomer, Hauptsatz

Fotos im Innenteil: © Hartmut W. Schmidt, Freiburg

Herstellung: Graspo CZ, Zlín
Printed the Czech Republic

ISBN 978-3-451-34974-4

# Inhalt

# Vorwort

„Niemand darf
wegen seines Geschlechts,
seiner Abstammung,
seiner Rasse,
seiner Sprache,
seiner Heimat und Herkunft,
seines Glaubens,
seiner religiösen oder politischen Anschauungen
benachteiligt oder bevorzugt werden.
Niemand darf wegen seiner Behinderung benachteiligt werden."

(Artikel 3 Absatz 3 Grundgesetz)

Liebe Leser und liebe Leserinnen,

es ist noch nicht entschieden, wie wir mit den neuen Herausforderungen von kultureller, ethnischer oder religiöser Unterschiedlichkeit in unserer Gesellschaft umgehen werden. Sicher wird dies kein gradliniger Prozess, sondern es wird, wie bisher auch, Hilfsbereitschaft und Übergriffe, Fremdheitskompetenz und Vorurteile nebeneinander geben. Menschen leben und denken nicht linear, sondern entwickeln sich im Rahmen ihrer Erfahrungen.
Das gilt auch für die Kindertageseinrichtungen Hier finden wir Toleranz und Hilfsbereitschaft neben Vorurteilen und ängstlichem Beobachten Kinder, Eltern, pädagogische Fachkräfte und die Träger sind davon gleichermaßen betroffen. Mir geht es in diesem Buch nicht darum, diese Gefühle zu bewerten, sondern ich suche einen Weg, wie wir sie gemeinsam in einer akzeptierenden Weise reflektieren, vielleicht sogar verstehen können, um dann neue Wege zu finden, die Raum für beides lassen: Neugier und Vorsicht gegenüber dem Fremden – dem fremden Menschen, der fremden Situation und dem Fremden, das uns dabei in uns selbst begegnen kann.

Unsere Kindertageseinrichtungen sind für die Aufnahme von Kindern und ihren Familien mit Fluchterfahrungen bereits gut vorbereitet. In vielen Kitas werden kultursensible und inklusive Konzepte umgesetzt; auch das individualisierte Lernen, eine sprachförderliche Pädagogik im Alltag sowie die Autonomisierung von Kindern sind für viele pädagogische Fachkräfte heute eine Selbstverständlichkeit.

Die Aufnahme der Kinder mit Fluchterfahrung kann von Ihrem Team also eher als eine Art Qualitätsprüfung betrachtet werden. Wer die notwendigen Parameter bereits verinnerlicht hat, das individualisierte Lernen praktiziert, achtsam und feinfühlig im Umgang mit den Kinder und Eltern ist, macht das meiste schon richtig.

Sie alle sind Vertreter und Vertreterinnen der Kinderrechte. Kinder haben ein Recht darauf, ihre kulturelle Identität in der Einrichtung zu zeigen, ihre Kultur und ihre Religion zu leben und ihre Erstsprache zu sprechen. Dies ist ein wichtiger Aspekt unserer Willkommenskultur, dem sich bereits viele pädagogische Fachkräfte angeschlossen haben und ihn gegenüber Intoleranz und Vorurteilen verteidigen.

Fremdheitskompetenz wird dies in Fachkreisen genannt. Fremdheitskompetenz entwickeln Kinder, Jugendliche und Erwachsene, wenn sie sich bewusst und neugierig dem zuwenden, was sie nicht kennen. Kinder, die es genau wissen wollen, die sich nicht von ihren eigenen Ängsten und Vorurteilen einschränken lassen. Kinder, die wahrnehmen, dass in ihrer Einrichtung Familien unterschiedlich finanziell ausgestattet sind, es Kinder mit Behinderungen, unterschiedlichen Sprachen, Hautfarben, Erfahrungen gibt und dies als selbstverständlich betrachten.

Um offen für unterschiedliche Kulturen und Lebensformen zu werden, brauchen Kinder Vorbilder. Bereits in den ersten drei Lebensjahren beginnen Kinder auf Unterschiede zu achten, und sie übernehmen die Bewertung dieser Unterschiede von den Erwachsenen. Wenn wir also wollen, dass alle Kinder ein positives Selbstbild entwickeln, brauchen wir Teams, in denen es erlaubt ist, kritisch nachzufragen. Teams, in denen es erwünscht ist, das Handeln, aber auch die innere Haltung der Einzelnen zu reflektieren, und Teams, in denen die

Unterschiedlichkeit der einzelnen Kollegen und Kolleginnen gesehen, willkommen geheißen und wertgeschätzt wird.

Als pädagogische Fachkraft bin ich gefragt, darüber nachzudenken (und mich auch zum Nachdenken anregen zu lassen), ob ich in meinen pädagogischen Interventionen Unterschiede mache, wenn die Kinder

- Mädchen oder Jungen sind,
- eine sichtbare Behinderung haben,
- in ihrem Verhalten für mich selbst anstrengend sind,
- aus einem mir vertrauten oder einem mir unbekannten Kulturkreis stammen,
- aus armen oder reichen Familien kommen
- ...

Kinder spüren die kleinsten emotionalen Nuancen, sehen Veränderungen in der Mimik und hören an unserer Stimme, ob wir uns um einen freundlichen Ton bemühen oder er sich wie von selbst einstellt. Es geht also gar nicht darum, Vorurteile abzuschaffen, alle Ungleichbehandlungen abzuurteilen, sondern darum, fehlerfreundlich mit sich und den Kindern umzugehen und jeden Tag den eigenen Mechanismen von Vorurteil und Diskriminierung ein wenig mehr auf die Spur zu kommen und daraus neue Handlungsmöglichkeiten zu entwickeln.

Danken möchte ich Gerhard Fleischer, der mir den letzten Ansporn gegeben hat, dieses Buch zu schreiben. Neben den vielen hilfreichen Rückmeldungen hat er vor allem mit seiner Fachlichkeit und Erfahrung mit dem Kapitel „Kinder stärken – Resilienz fördern" einen wichtigen Beitrag zur Qualität dieses Buches geleistet.

Ich wünschen Ihnen viel Neugier auf das Fremde und ein gutes Gelingen in der Arbeit mit den Kindern und Ihren Familien!

Heike Baum
im November 2016

# 1 Ankommen in der Kita

Wie Kindertageseinrichtungen Familien mit Fluchterfahrungen willkommen heißen, ist für das Wohlbefinden von Kindern und Eltern in der zunächst noch fremd erscheinenden Umgebung von großer Bedeutung. Gelingt es den pädagogischen Fachkräften, den Ankommenden das Gefühl zu vermitteln, gewollt und gerne gesehen zu sein, trägt dies sicher dazu bei, dass die Familien mehr Ruhe und Gelassenheit in der neuen Situation entwickeln können.

Um diese einladende und wertschätzende Eingangsatmosphäre zu schaffen, brauchen Erzieherinnen und Erzieher Wissen über die Hintergründe und die aktuelle Situation von Familien mit Fluchterfahrungen. Weiter werden in diesem Kapitel zentrale Fragestellungen aufgegriffen, an denen sich Kita-Teams und Träger bei der Aufnahme von Kindern mit Fluchterfahrungen orientieren können, um eine gute pädagogische Qualität zu sichern.

## Rechtliche Grundlage zum Kita-Besuch

Grundsätzlich gilt: In Deutschland haben alle Kinder ab dem ersten Lebensjahr einen Rechtsanspruch auf einen Krippen- oder Kitaplatz (§ 24 SGB VIII). Das Gesetz unterscheidet nicht zwischen Kindern mit und ohne Fluchterfahrungen. Alle Kinder sind also gleichberechtigt zu behandeln; lediglich für Kinder in den Erstaufnahmeeinrichtungen ist in aller Regel kein Kita-Besuch vorgesehen. Die Kosten für die institutionelle Bildung, Erziehung und Betreuung werden normalerweise von den Jugendämtern übernommen.

In Deutschland haben von Januar bis Juni 2016 über 84.000 Kinder mit Fluchterfahrungen entweder bereits einen Kita-Platz gefunden oder mussten ihn noch finden (Bundesamt für Migration und Flüchtlinge 2016).

## Familien mit Fluchterfahrungen – Daten und Fakten

Die Familien kommen mit ganz unterschiedlichen Erfahrungen und aus den verschiedensten Gründen nach Deutschland. Viele fliehen aus Angst vor Krieg und Bürgerkrieg, politischer und religiöser Verfolgung oder Folter. Einige kommen als sogenannte Wirtschaftsflüchtlinge, weil sie hoffen, dass sie so der absoluten Armut mit all ihren Folgen in ihrem Heimatland entgehen können.

So unterschiedlich die Gründe für die Flucht sind, so unterschiedlich sind auch die Flucht-wege. Eine Flucht kann einige Wochen oder sogar Jahre dauern. Da die Fluchthelfer für ihre Un-terstützung viel Geld verlangen, verarmen die meisten Familien und kommen nicht selten nur mit einer kleinen Tasche in Deutschland an, in der sich alles befindet, was aus ihrem bisherigen Leben noch übrig ist. Das Smartphone ist oft die einzige Möglichkeit, mit der Familie im Heimat-land in Kontakt zu bleiben.

Die meisten Flüchtlinge kommen zurzeit aus Syrien, mit 44 Prozent stellen sie mit Abstand die größte Gruppe der Antragssteller auf Asyl dar. Es folgen die Herkunftsländer Afghanistan mit 15,6 Prozent und Irak mit 14,5 Prozent. Die Flüchtlinge aus ungeklärten Herkunftsländern mit 3,1 Prozent nehmen gemeinsam mit den Flüchtlingen aus dem Iran und der Islamischen Repub-lik den viertstärksten Platz in der Statistik ein (Bundesamt für Migration und Flüchtlinge 2016).

Nach den Angaben des Bundesamtes für Migration und Flüchtlinge sind von Januar bis August 2016 insgesamt 564.506 Erstanträge auf Asyl gestellt worden. Damit hat sich die Zahl gegenüber dem Vorjahr um 142,4 Prozent erhöht. Von diesen Erstanträgen werden erfah-rungsgemäß etwas mehr als die Hälfte (52,8 Prozent) positiv beschieden.

Circa ein Drittel der Asylantragsteller sind Kinder. Diese Zahl ist seit vielen Jahren relativ stabil; das bedeutet, dass die Altersstruktur der Flüchtlinge, die in Deutschland ankommen, in etwa gleichbleibt, auch wenn die Anzahl der Flüchtlinge insgesamt steigt oder angestie-gen ist. Rund drei von einhundert Kindern sind unbegleitete Minderjährige. Von den min-derjährigen Antragstellerinnen und Antragstellern im Zeitraum Januar bis Juni 2016 waren 28.606 zwischen elf und sechzehn Jahre alt, 33.435 zwischen sechs und elf Jahren, 15.091 zwi-schen vier und sechs Jahren und 35.636 unter vier Jahren (ebd.).

## Qualitätssichernde (Vor-)Überlegungen im Kita-Team

Um eine gute pädagogische Qualität in Krippe, Kita und Hort gewährleisten zu können, soll-ten sich Kita-Teams und Träger bei der Aufnahme von Kindern mit Fluchterfahrungen unter anderem mit folgenden Fragestellungen und Überlegungen beschäftigen:

*Sind genügend Plätze mit guten Rahmenbedingungen vorhanden?*

PRAXIS

### Regelbelegung reduzieren

*In der Kita Sonnenschein ist die Regelbelegung in jeder Gruppe um drei Kinder reduziert worden. Zwei Plätze werden nun an Kinder mit Fluchterfahrungen vergeben, ein Platz bleibt frei. Damit wird aufgrund der höheren Belastung, zum Beispiel durch häufiges Ein-gewöhnen und Verabschieden, die Belegung in jeder Gruppe um ein Kind verringert. Für die viergruppige Kita Sonnenschein bedeutet das: Bis zu acht Kinder mit Fluchterfahrun-gen können spontan aufgenommen werden, ohne in eine Überbelegung zu kommen.*

Leider sind viele Gemeinden noch nicht bereit, die durch die reduzierte Regelbelegung bedingten finanziellen Verluste hinzunehmen. Doch gerade diese Entlastung für Kinder und pädagogische Fachkräfte würde auf lange Sicht zu mehr Zufriedenheit bei allen Beteiligten, letztlich möglicherweise auch zu einem niedrigeren Krankenstand beim Personal führen und sich damit vielfach auszahlen.

Viel häufiger kommt es vor, dass die Kinder mit Fluchterfahrungen auf eine oder zwei Gruppen verteilt werden, die dann regelmäßig überbelegt sind. Das bedeutet eine höhere Belastung für die pädagogischen Fachkräfte, zum Beispiel durch deutlich mehr Elterngespräche und Eingewöhnungsprozesse, aber auch weniger Zeit für die individuelle Begleitung der Kinder, eine deutliche Erhöhung der Lautstärke und so in aller Regel der Konflikte unter den Kindern.

Eine gute Alternative besteht darin, einen Raum als Stammgruppenraum für die Kinder mit Fluchterfahrungen einzurichten, wo eine pädagogische Fachkraft gerade bei der Eingewöhnung und beim Abschied noch einmal in besonderer Weise unterstützen kann – quasi eine Inklusionsexpertin für Kinder mit Fluchterfahrungen und deren Familien. Dies empfiehlt sich allerdings nur in einem offenen Konzept, wenn die Kinder ganz selbstverständlich mit den anderen Kindern in Kontakt treten können. Auch Kinderpatenschaften haben sich hier als besonders wertvoll erwiesen, da auf diese Weise die Kontaktaufnahme unter den Kindern erleichtert werden kann.

### Sind die Einrichtungen für alle Kinder gut zu erreichen?

Viele Unterkünfte, in denen Familien mit Fluchterfahrungen untergebracht sind, befinden sich weit draußen und haben eine schlechte Anbindung an das öffentliche Verkehrsnetz. Hier muss eine Infrastruktur geschaffen werden, die den Kindern den Weg zur Kita in einem zumutbaren Zeitrahmen ermöglicht. Es kann nicht sein, dass Kinder eine Stunde Fahrtzeit in Kauf nehmen müssen, um zur Kita zu kommen. Gerade die Kommune (auch als Träger der Kita) ist in diesem Zusammenhang gefragt, Abhilfe zu schaffen.

PRAXIS

#### Eltern organisieren Fahrdienst

*In der Kita Sonnenschein haben die Eltern einen Fahrdienst organisiert, denn die Unterkunft für Familien mit Fluchterfahrungen liegt etwas außerhalb der Stadt im Industriegebiet und wird nur in großem zeitlichem Abstand vom örtlichen Busverbund angefahren. Zehn Eltern haben sich gefunden, die nun abwechselnd die Kinder morgens dort abholen und nachmittags wieder zurückbringen. Während der Eingewöhnungszeit eines Kindes übernimmt der Praktikant diese Fahrten. Jeden Mittwochnachmittag findet ein Elterncafé statt; zwei weitere Eltern haben sich bereit erklärt, die Mütter und Väter aus der Unterkunft, die daran teilnehmen wollen, abzuholen und auch wieder zurückzubringen.*

*Bei einem Elternabend wird ein Zwischenresümee gezogen: Alle Eltern erleben diese Unterstützung zur Teilhabe von Familien mit Fluchterfahrungen als Bereicherung. Sie berichten von neuen Freundschaften, die entstehen, von mehr Verständnis für die Familien mit Fluchterfahrungen und wie sich auf beiden Seiten ein Geben und Nehmen entwickelt hat. Eltern, die auf diesen Fahrdient angewiesen sind, backen Kuchen für das Elterncafé, nähen Tücher für den Rollenspielbereich oder laden Kinder am Wochenende zum Spielen ein. So bleiben sie nicht die Hilfesuchenden, sondern werden Teil der Elterngemeinschaft, die Verantwortung für das Ganze übernimmt. Jeder und jede eben auf seine Weise.*

### Ist das pädagogische Angebot für die Kinder frei von Diskriminierung?

Bei der Diskussion über das Thema Diskriminierung wird es schnell konflikthaft. Wir sind uns oft der verstecken Botschaften, die in unseren Worten enthalten sind, nicht bewusst, und das Erkennen der Diskriminierung, die darin liegt, ist so häufig auch für uns selbst schmerzhaft. Gleichzeitig ist es notwendig, sich mit diesen Sprachbotschaften zu beschäftigen und gegenseitig im Team darauf aufmerksam zu machen. Wie schnell sprechen wir von der Gruppe der „pfiffigen Jungs" im Gegensatz zu den „kleinen Chauvis aus Afghanistan", ohne wirklich zu merken, was wir damit ausdrücken. Spielen die Kinder in Ihrer Kita immer noch „Wer hat Angst vorm schwarzen Mann?" oder „Die Reise nach Jerusalem"?

### Was ist mit Ayshe los?

*Das Team der Kita Sonnenschein bringt folgende Situation in die Supervisionssitzung ein: Ayshe (4,1 Jahre) aus Afghanistan, die seit zwei Monaten die Kita besucht und noch nicht viel Deutsch spricht, spielt mit Nora und Hanna in der Küche des Rollenspielbereichs. Ohne Vorwarnung haut sie Nora den Kochtopf auf den Kopf. Nora fängt sofort an zu weinen und läuft zu ihrer Bezugserzieherin. Sie tröstet Nora in ihrem ersten Schreck, fügt aber hinzu, dass Ayshe wohl gar nichts dafür könne, weil sie in Afghanistan Schlimmes erlebt habe und noch nicht so gut deutsch spreche.*

In der Supervisionssitzung konnte das Team Folgendes herausarbeiten:

- Die Zuschreibung von Inkompetenz wegen ihrer Sprachkenntnisse ist ebenso diskriminierend wie die Reduktion des Verhaltens von Ayshe auf ihre Vorerfahrungen in Afghanistan.
- Der Ausspruch „Sie kann nichts dafür" reduziert Ayshe auf die Opferrolle.
- Ayshe wird in dieser Szene gänzlich auf ihren Hintergrund als Kind mit Fluchterfahrungen reduziert; dies wirkt im ersten Moment zwar scheinbar sensibel, wird ihr als Person aber nicht gerecht.

- Nora wird zwar getröstet, ihre emotionale Situation insgesamt aber durch die Beschwichtigung vom Tisch gewischt.

Für die Zukunft hat sich das Team vorgenommen, in einer ähnlichen Situation folgende Perspektiven zu berücksichtigen:
- Was hat sich gruppendynamisch ereignet, sodass Ayshe ihren Affekt nicht mehr kontrollieren konnte?
- Gab es Situationen, in denen die Mädchen bereits Konflikte hatten?
- Gab es im Laufe des Tages Situationen, in denen Ayshe eine besondere Anspannung gezeigt hat?
- Wie viel Selbstwirksamkeit und Beteiligung erlebt Ayshe im Alltag?
- Gibt es Informationen von den Eltern, dass Ayshe möglicherweise kränkelt?

Diese Fragen zeigen, dass es viele Wahrnehmungsperspektiven gibt, die nichts mit der familiären, kulturellen oder ethnischen Herkunft eines Kindes zu tun haben, ihm aber in seiner Individualität deutlich besser gerecht werden.

PRAXIS

*Einrichtungsgestaltung und Spielmaterialien im Blick*

*Das Team der Kita Sonnenschein hat sich schon länger mit dem Thema „Vorurteilsbewusste und kultursensible Pädagogik" beschäftigt und richtet nun den Blick auf die Gestaltung der Einrichtung und die Spielmaterialien. Schnell fällt auf, dass mit den besten Absichten Bilder, Weltkarten und anderes Material an den Wänden angebracht wurden – Gestaltungselemente, die nichtsdestoweniger diskussionswürdig sind. Auf einer großen Weltkarte sind die Länder und Orte gekennzeichnet, aus denen Kinder die Kita Sonnenschein besuchen. Rund um die Orte kleben Bilder von Kindern und Landschaften dieser Länder. Zum Beispiel Mädchen aus Afrika, die alle „oben ohne" sind, oder Mädchen aus Syrien, die alle eine Uniform und ein Kopftuch tragen.*

*Auch bei den Bilderbüchern wird das Team fündig. Etliche Bücher, in denen immer wieder Vorurteile und Generalisierungen auftauchen, können aussortiert werden. Eine gute Gelegenheit, um auch mit den Kindern über diese Stigmatisierungen zu sprechen.*

Ist dem Team diese erste Reflexion gelungen und das Material in der Kita überprüft worden, können die nächsten Aufgaben begonnen werden. Es geht darum herauszufinden, wo und wann es notwendig ist wahrzunehmen, wie unterschiedliche ethnische oder kulturelle Lebenslagen für pädagogische Prozesse wichtig werden und eine entsprechende Beachtung brauchen. Diese Prozesse werden dann analysiert und reflektiert. Durch das entsprechende Fachwissen können im Team vielperspektivische Betrachtungsweisen möglich und Ausgrenzung oder Einseitigkeit vorgebeugt werden.

*Sind die Angebote den Bildungsbedürfnissen und Lerngewohnheiten der Kinder angepasst?*
Oder umgekehrt gefragt: Kommen in der Einrichtung nur Kinder mit einer deutschen Soziali-
sation zurecht? Für die pädagogischen Fachkräfte ist es notwendig, sich über die Spiele und
Lernmaterialien der Kinder in ihren Familien und Herkunftsländern zu informieren. Lassen
Sie sich zum Beispiel Bilderbücher zeigen, die den Kindern vertraut sind, und überlegen Sie,
vielleicht einige davon für die Kita anzuschaffen. Auch Kochutensilien aus den verschiedenen
Ländern, zum Beispiel eine Tajine aus dem nordafrikanischen Kulturkreis, kann den Küchen-
spielbereich ergänzen. Weitere Vorschläge dazu finden Sie in Kapitel 5.

In vielen Ländern, aus denen die Familien flüchten, besteht eine andere Auffassung von
Spielen und Lernen als in Deutschland – gerade auch in Bezug auf die Bedeutung des Spiels
als zentraler Teil frühkindlicher Bildungsprozesse. Dazu gehören zum Beispiel die spieleri-
schen Methoden, das Singen und Klatschen, um den Spracherwerb zu unterstützen. Partizi-
patorische Konzepte wie Kinderkonferenzen oder Kinderparlament müssen von den Kindern
(und Eltern) oft erst verstanden und eingeübt werden. Hier ist es notwendig, sich (fach-)kun-
dig zu machen, welche Annahmen und Vorstellungen die Menschen in den verschiedenen
Regionen der Welt über die Lebenswelt von Kindern haben.

PRAXIS

### Unterschiedliche Auffassungen thematisieren

*In der Kita Sonnenschein wird in den Aufnahmegesprächen darauf geachtet, die un-
terschiedlichen Auffassungen über die Lebenswelten der Kinder zur Sprache zu bringen. Die Eltern können dabei auch erfahren, wie viel in der Kita gelernt werden kann,
das im späteren Leben für die Kinder bedeutsam ist. Dafür hat das Team kurze Infor-
mationstexte verfasst – zum Beispiel: „Das gemeinsame Leben und Lernen in unserer
Einrichtung", „Wie gelingt die Eingewöhnung?", „Welche Bedeutung hat das Frühstück bei uns?". Diese Texte sind in verschiedene Sprachen übersetzt und helfen den
Eltern, die Arbeit in der Einrichtung besser zu verstehen.*

## Das Erst- und Aufnahmegespräch

Kommt eine Familie das erste Mal in die Einrichtung, verstehen wir dies als ein „Sich-kun-
dig-machen". Im Gespräch werden grundlegende Informationen ausgetauscht, und alle
Beteiligten haben die Möglichkeit, sich ein wenig kennenzulernen. Dabei ist zu bedenken:
Es gibt Länder, in denen es nicht üblich ist, alles schriftlich festzuhalten; das gesprochene
Wort hat dann oft mehr Gültigkeit hat als jede Unterschrift. So gehen Eltern aus diesen
Kulturkreisen häufig davon aus, dass das eher informelle Erstgespräch bereits bindende
Wirkung und ihr Kind damit nun einen Kita-Platz hat. Die Eltern wundern sich dann, war-
um der Kindergarten sich nicht bei ihnen meldet, obwohl doch nun die Zeit der Eingewöh-
nung sein sollte. Parallel fragt sich die Kita-Leitung, warum die Anmeldung nicht eingeht.

Nicht selten ist der Kindergartenplatz bereits vergeben, wenn sich das Missverständnis aufklärt.

In Gesprächen, in denen sich die Kita-Leitung nur schwer mit den Eltern verständigen kann, weil sie die deutsche Sprache noch nicht so gut beherrschen, braucht es Informationsmaterial, in dem die Eltern alles Wesentliche über die Kita, in ihre Herkunftssprache übersetzt, nachlesen können. Neben sprachlichen Verständigungsschwierigkeiten führen manchmal auch kulturelle Unterschiede im Umgang miteinander zu Missverständnissen. So ist es zum Beispiel nicht überall Sitte, sich bei der Begrüßung und beim Abschied die Hand zu geben. Manche Eltern nicken, um ihre Aufmerksamkeit zu signalisieren, aber nicht, um zu zeigen, dass sie verstanden haben oder gar mit dem Gesagten einverstanden sind. In manchen Kulturen gilt es schlicht als unhöflich, zu zeigen, dass man sein Gegenüber nicht verstanden hat.

Das unterschiedliche Verständnis von Autorität kann dazu führen, dass Eltern zu allem Ja sagen, weil es in ihrer Kultur verboten ist, Amtspersonen zu widersprechen. Das kann dann bedeuten, dass Eltern im Erstgespräch etwas bejahen, was sie nie einhalten werden, weil es ihren eigenen Überzeugungen widerspricht. Da dies aber nicht offen kommuniziert werden kann, sind Loyalitätskonflikte für das Kind bereits im Erstgespräch vorprogrammiert.

Gut ist es, in Situationen, in denen die pädagogischen Fachkräfte eine Irritation bemerken, diese offen anzusprechen und gemeinsam mit den Eltern einen für alle gangbaren Weg zu finden, der die kulturellen Unterschiede nicht bewertet, sie aber durchaus sichtbar werden lässt.

Im Folgenden finden Sie Fragen und Hinweise, die im Erstgespräch hilfreich sind, um mit den Eltern in einen guten und verstehenden Austausch zu kommen:

- Begrüßung (möglichst den Begrüßungsritualen der Gäste angepasst) und gegenseitiges Vorstellen; gerne noch einmal um die korrekte Aussprache des Namens bitten und diesen zur Sicherheit wiederholen.
- „Small talk" beginnen und Getränke anbieten (in manchen Kulturen darf erst nach mehrmaliger Aufforderung zugegriffen werden).
- Fragen nach dem Herkunftsland: Woher kommt die Familie? Wo haben sie dort gewohnt? Wer von der Familie lebt nun in Deutschland? Gibt es Bezugspersonen des Kindes, die bisher wichtig waren und die nicht hier in Deutschland sind?
- Sind die Eltern und die Kinder mit einem besonderen Ereignis beschäftigt?
- Was ist die Familiensprache? Haben die Eltern die Schule besucht, eine Ausbildung / Studium gemacht?
- Gibt es in dem Land, aus dem die Familie kommt, außerfamiliäre Betreuungsformen für Kinder unter sechs Jahren? Wenn ja, was hat den Eltern besonders gut gefallen, was wünschen sie sich auch hier für ihr Kind?
- Kennt das Kind die regelmäßige Betreuung durch andere Erwachsene oder ältere Kinder?
- Wie vernetzt ist die Familie in Deutschland? Hat das Kind Freunde? Vielleicht sogar welche, die in diese Einrichtung gehen?
- Welche Eckpunkte sind in der Einrichtung konzeptionell verankert, an denen die pädagogischen Fachkräfte festhalten (z. B. selbstständige Tätigkeiten in allen Räumen der Einrichtung auch ohne permanente Anwesenheit eines Erwachsenen)?

- Weitere Information über die Krippe, die Kita und den Hort: Betreuungszeiten, Mahlzeiten, Ausflüge etc.
- Vorstellen des verbindlichen Eingewöhnungskonzeptes.

Allem voran steht die einladende und wertschätzende Haltung der pädagogischen Fachkräfte. Familien mit Fluchterfahrungen sind keine Bittsteller, sondern haben die gleichen Rechte und Pflichten wie alle anderen Eltern und Kinder auch. Mehr zum Thema Bildungs- und Erziehungspartnerschaft mit den Eltern erfahren Sie in Kapitel 6.

## Die (Kita-)Gemeinschaft als sichere Basis

### Was ist ein Trauma?

Wenn Kindertageseinrichtungen Kinder mit Fluchterfahrungen aufnehmen, fragen sich die pädagogischen Fachkräfte immer wieder, ob diese Kinder traumatisiert sind oder nicht. Diese Frage lässt sich nur unzureichend mit Ja oder Nein beantworten.

Nicht alle Kinder mit Fluchterfahrung sind traumatisiert. Man geht nach den neusten Studien (Bundespsychotherapeutenkammer Juni 2016) davon aus, dass mindestens 50 Prozent der Erwachsenen und circa 20 Prozent der Kinder, also jedes fünfte Kind mit Fluchterfahrung, traumatisierende Erfahrungen gemacht haben. Die Familien, die nicht traumatisiert sind, hatten jedoch gewichtige Gründe zu flüchten und sind ebenfalls in irgendeiner Weise mehr oder weniger schwer belastet.

Pädagogische Fachkräfte sind nicht ausgebildet, um ein Trauma bei Kindern oder Eltern zu diagnostizieren; für die Arbeit mit den Kindern ist es jedoch hilfreich, bestimmte Verhaltensweisen von Kindern und ihrer Eltern einordnen zu können, um im pädagogischen Sinne achtsam und angemessen reagieren zu können. Für diesen „diagnostischen Blick" im pädagogischen Setting, wie ich ihn gerne nenne, ist es wichtig, Informationen darüber zu haben, wie ein Trauma entsteht und wie es sich zeigen kann.

Alle Situationen, die Menschen erleben, sind mit Emotionen gekoppelt. In unserem Alltag machen wir uns in der Regel darüber keinen Gedanken, weil die Gefühlsschwankungen, denen wir unterliegen, in aller Regel gut zu balancieren sind. Passiert etwas Unerwartetes oder etwas besonders Schönes, können wir gerade bei Kindern gut sehen, wie sich Erregungszustände unterschiedlich zeigen. Manche Kinder werden motorisch ganz unruhig, manche suchen dann verstärkt die Nähe der Erwachsenen, und es gibt Kinder, die bekommen „nur" rote Backen.

Diese Reaktionen sind hormonell beeinflusst, besonders das Dopamin als Belohnungshormon und das Cortisol als Stresshormon spielen hier eine wesentliche Rolle. In diesem Zusammenhang ist es wichtig zu wissen, dass alle Erlebnisse Gefühle auslösen, die durch Hormone gesteuert, gemildert oder angefeuert werden. Je nachdem, was unser Gehirn aufgrund seiner individuellen Erfahrungen gerade für eine angemessene Reaktion hält. Ziel ist es, den Körper und die Psyche zu schützen. In Bruchteilen von Sekunden entscheidet unser Gehirn, ob eine Situation bedrohlich ist, oder ob wir relax bleiben können. In traumatisierenden Situationen borden diese Hormone über. Das Gehirn ist so stark in Aufruhr, dass die Steuerung der Körperfunktionen buchstäblich aus den Fugen gerät. Hormone werden im Übermaß ausgeschüttet, Hirnfunktionen werden eingeschränkt oder gar ausgeschaltet. Alles zum Schutz vor einem psychischen und physischen Zusammenbruch.

Ereignisse, die zu einer so starken Reaktion führen, kommen in der Regel überraschend und sind in ihrer Heftigkeit und Intensität extrem existenziell bedrohlich, sodass ein Stresszustand erzeugt wird, der eine innere Überflutung von Angst, Schreck und Schock auslöst.

Für Kinder ist die Wirkung ähnlich stark, egal ob ein Kind die Gewalt an sich selbst erlebt oder zusehen muss, wie zum Beispiel ein Familienmitglied Gewalt erleidet. Da die Ereignisse so überraschend kommen, kann sich das Kind (und auch der Erwachsene) nicht darauf einstellen und keine Anpassungsleistung zum Umgang mit dieser Situation entwickeln.

Neben den überraschenden Ereignissen wirken auch Situationen traumatisierend, die über einen langen Zeitraum anhalten: Wenn Kinder in Angst leben, hungern müssen, an Durst leiden, gedemütigt werden oder sonst eine starke Form der existenziellen Verunsicherung erleben.

Diese unheilvolle Mischung, in Fachkreisen „Traumatische Zange" genannt, kann Traumata auslösen:

- Extreme Bedrohung der körperlichen und / oder psychischen Unversehrtheit
- Das Erleben von Angst und / oder Schmerz
- Gleichzeitige Ohnmachtsgefühle im Sinne von: Ich kann nichts tun, es gibt keinen Ausweg, ich bin der Situation völlig ausgeliefert

Eine Traumatisierung ist in der Regel nur aufgrund der Folgewirkungen durch einen darauf spezialisierten Arzt zu diagnostizieren. Symptome einer sogenannten posttraumatischen Belastungsstörung können sein: Angstzustände, Panikattacken, Unruhe, Übererregung, wenig anteilnehmend, Rückzug, Schlafstörungen, Gereiztheit, Impulsdurchbrüche, Konzentrations-, Leistungs- und Beziehungsstörungen sowie vielerlei somatische Beschwerden wie zum Beispiel Bauchweh, das nicht erklärt werden kann. Kinder neigen darüber hinaus auch zu regressiven Reaktionen: Zweijährige laufen nicht mehr, Fünfjährige nässen wieder ein, Kinder verweigern das Essen und Trinken oder hören auf, zu reden.

### Was sind Schlüsselreize?

Schlüsselreize sind Wahrnehmungen, die das Hirn veranlassen, die Situation heute mit der traumatisierenden Vergangenheit zu verwechseln. Das Bewusstsein reagiert, als wäre das Kind in der traumatisierenden Situation. Solche Schlüsselreize nennt man auch Trigger. Geht dieser Trigger los, befindet sich das Kind in diesem Moment wieder im traumatischen Stress (Flashback). Die Flashbacks können zu jeder Zeit und unterschiedlich oft vorkommen. Reize, die einen solchen Flashback auslösen können, sind unter anderem:

- Geräusche
- Lärm – Geschrei oder Knall
- Gerüche
- Bilder

- Berührungen
- Veränderungen in der Umwelt, Temperatursturz, Jahreszeiten
- Landschaften und bestimmte Orte
- Konstellationen mit bestimmten Menschen
- Menschen mit ähnlichem Aussehen wie der Täter
- Ohnmachtsgefühle, zum Beispiel bei Überforderungen
- Konfliktsituationen etc.

### Was können pädagogische Fachkräfte tun?

Folgende Bedingungen in der Kita können jedoch dazu beitragen, die Kinder zu unterstützen und ihnen das entscheidende Gefühl von Verlässlichkeit, Sicherheit und Geborgenheit zu vermitteln:

- Sicherheit, dass die Grundbedürfnisse befriedigt werden
- Eine sichere Bindung zu einer feinfühligen Bezugsperson, die hilft, die eigenen Emotionen zu regulieren
- Möglichkeiten zur Selbstbemächtigung und Selbstbestimmung in allen Alltagssituationen, um aus den Ohnmachts- und Insuffizienzgefühlen (sich als wertlos, inkompetent fühlen) herauszukommen
- Geborgenheit in einer gesunden (Kinder-)Gemeinschaft

### Sicherheit, dass die Grundbedürfnisse befriedigt werden

Kinder mit Fluchterfahrungen haben häufig Episoden des Mangels erlebt. Mangel an Essen, Trinken, Schlafen, Wärme und vielem mehr. Das Kind kann vielleicht rational verstehen, dass in der Kindertageseinrichtung für alle Kinder genug da ist, doch sich wirklich sicher sein kann es erst mit viel Zeit und immer wiederkehrenden positiven Erfahrungen.

Das Versprechen, dass das Kind immer genug zu essen bekommt und sich nehmen kann, wenn es möchte, ist nach seiner bisherigen Lebenserfahrung nicht immer eingelöst worden. In Krippe, Kita und Hort sollte dem Kind zugestanden werden, dass es immer etwas zu sich nehmen darf, wenn es das braucht. Je selbstverständlicher dies zugelassen wird, desto früher entwickelt das Kind einen eigenen, guten Essrhythmus.

Hier sind kreative Lösungen von den pädagogischen Fachkräften gefragt. So könnten zum Beispiel Kinder, die immer wieder Angst vor Kälte haben und leicht frieren, Taschenwärmer bekommen. Kinder, die sich gerne zurückziehen, finden eine eigene Kuschelecke vor, die niemand sonst betreten darf ...

### Eine sichere Bindung zu einer feinfühligen Bezugsperson

Bei Kindern mit Fluchterfahrungen geht es ganz zentral darum, das verloren gegangene Vertrauen (in die Welt und in die Menschen) wiederherzustellen. Das Kind braucht das Gefühl, respektvoll behandelt zu werden, und der Selbstwirksamkeit. Die pädagogische Fachkraft muss sich ihm als sichere Basis zur Verfügung zu stellen. Dies gelingt nur, wenn sie verlässlich und gleichbleibend zugewandt und unterstützend für das Kind ist. Gerade deshalb ist auch eine Reduzierung der Gruppengröße (siehe Seite 13 f.) unbedingt erforderlich.

Die pädagogischen Fachkräfte sind hier besonders als „Sicherheitsbeauftragte", „Sprachforschende" und „Entwicklungshelfende" gefragt. Als **Sicherheitsbeauftragte** bieten sie eine behutsame und geduldige pädagogische Begleitung, bei der sich die Kinder sicher fühlen können und Diskriminierung unterbunden wird. Auch vermeintlich unangemessenes Verhalten des Kindes wird als Ausdruck der Selbstregulation verstanden. Die pädagogische Fachkraft bemüht sich, gemeinsam mit dem Kind herauszufinden, warum es dieses Verhalten im Moment braucht. Die Botschaft an das Kind lautet immer: Ich verstehe, warum du so handelst, und ich bemühe mich, mit dir gemeinsam neue Handlungsmöglichkeiten zu entwickeln, die in unserer Gemeinschaft akzeptiert sind, auch wenn das längere Zeit in Anspruch nimmt. Diese Haltung ist nicht nur bei störendem Verhalten notwendig, sondern vielleicht sogar in besonderem Maße bei Kindern, die hoch angepasst sind, die Erwachsenen immer alles recht machen wollen und sich den Bedürfnissen der anderen Kindern unterwerfen. Diese Kinder brauchen Erwachsene, die ihnen Mut machen, sich zu widersetzen, sich zu wehren und Nein zu sagen. Auch das ist ein wesentlicher Schritt in Richtung Selbstbemächtigung.

Als **Sprachforschende** versuchen die pädagogischen Fachkräfte mit den Kindern Worte zu finden, mit denen diese ihre Emotionen zu beschreiben vermögen. Wenn die vierjährige Hürrem ihrer Erzieherin erzählt, dass sie Bauchweh hat, kann eine Wärmflasche die Antwort sein. Besser noch wirkt, wenn die pädagogische Fachkraft mit Hürrem gemeinsam überlegt, was ihr im Magen liegt. Vielleicht hat sie ein Virus erwischt? Möglicherweise hat Karl sie aus der Bauecke verjagt und Hürrem ist nun traurig oder wütend. Oder fühlt sich Hürrem einsam in der neuen Umgebung? Auf diese Weise erfährt Hürrem, dass Bauchweh ganz unterschiedliche Ursachen haben kann und es ihrer Erzieherin wichtig ist, sie genau zu verstehen. Und dabei entsteht eine gemeinsame Sprache!

Als **Entwicklungshelfende** versuchen die pädagogischen Fachkräfte durch gezielte Beobachtung die Themen der Kinder herauszufinden und Räume zu schaffen, in denen die Kinder mit ihren eigenen Themen ernst genommen werden und experimentieren können. So leisten sie einen wichtigen Beitrag zur Persönlichkeitsentwicklung des Kindes und zum Aufbau neuer Kompetenzen.

### Möglichkeiten zur Selbstbemächtigung und Selbstbestimmung

Gerade für Kinder mit Fluchterfahrungen ist es entscheidend, dass sie (wieder) lernen, sich als aktiv Handelnde zu begreifen. Sich aus den Abhängigkeits- und Ohnmachtsgefühlen zu lösen und im ganz normalen Kita-Alltag Autonomie, Selbstbestimmung und Selbstwirksamkeit zu erleben, stärkt das Selbstbewusstsein und fördert die grundlegende Einstellung: Ich bin und ich kann! Hürrem erlebt ihre Selbstwirksamkeit jeden Tag im Bistro, wenn sie sich ihr Frühstück zubereitet und selbst entscheidet, wann, mit wem und was sie isst. Zu diesen alltäglichen Situationen kommen die Highlights hinzu; so hat Hürrem gemeinsam mit Selina die Glastüre im Eingangsbereich der Kita neu bemalt. Beide Namen der Kinder stehen auf dem Bild, und alle, die nun in die Einrichtung kommen, sehen und bewundern das Kunstwerk!

### Geborgenheit in einer gesunden (Kinder-)Gemeinschaft

Kinder mit Fluchterfahrungen brauchen eine gesunde Gemeinschaft, um den Schmerz, den Kummer und den Verlust wenigstens zeitweise hinter sich zu lassen. Der Mensch ist ein soziales Wesen, und Gemeinschaft vermittelt das Gefühl von Geborgenheit und Wohlbefinden. Eine gesunde Gemeinschaft bedeutet eine Kindergruppe, die unbefangen mit den Kindern mit Fluchterfahrungen umgeht und auch mal einen „Aussetzer" aushalten kann, ohne gleich das betreffende Kind aus der Gruppe zu stoßen. Die Gruppe wirkt „schmerzlindernd", weil sie das Kind annimmt, wie es ist, Verständnis zeigt und es im richtigen Moment unterstützt. Alles, was die Qualität der Beziehungen in der Gruppe fördert, trägt zum Wohlbefinden gerade der Kinder mit Fluchterfahrungen bei:

Hürrem hat Geburtstag, und wie immer an Geburtstagen gestalten die Kinder einen Bogengang. Dabei singen sie ein Geburtstagslied, und das Geburtstagskind geht durch den Gang, um sich am Ende auf einen besonders schön dekorierten Geburtstagsstuhl zu setzen. Als Hürrem sich mitten im Gang befindet, bleibt sie plötzlich stehen und schubst die Kinder um sich herum grob und mit Vehemenz weg. Dann rennt sie aus dem Raum und versteckt sich im Spielhäuschen. Selina, ihre Freundin, geht ihr nach, nimmt sie dann einfach an der Hand, führt sie zum Geburtstagsstuhl und sagt laut: „So, jetzt wird gegessen!" Alle Kinder greifen nach den gefüllten Fladen und lassen es sich schmecken.

# 2 Pädagogik der Vielfalt

Das Wissen um eine Pädagogik der Vielfalt unterstützt pädagogische Fachkräfte dabei, gerade auch Kinder mit Fluchterfahrungen in ihren unterschiedlichen Lebenslagen angemessen zu begleiten und zu fördern. Der achtsame Umgang und die feinfühlige Begleitung der Kinder sind dabei die wesentlichen Qualitätsanforderungen, die an Erzieherinnen und Erzieher gestellt werden.

## Was bedeutet Inklusion?

„Von der deutschen Kommission der UNESCO (2009) werden im Besonderen folgende Merkmale von Inklusion benannt:
- Das Recht auf Teilhabe aller Kinder an qualitativ hochwertiger Bildung, unabhängig von Geschlecht, Religion, ethnischer Zugehörigkeit, besonderen Lernbedürfnissen, sozialen und ökonomischen Voraussetzungen, sowie die Entwicklung ihrer Potenziale
- Die unterschiedlichen Bedürfnisse aller Lernenden stehen im Mittelpunkt, ebenso wie das Recht jedes Kindes auf individuelle Förderung in sozialer Gemeinschaft
- Heterogenität wird als Chance für Lern- und Bildungsprozesse genutzt
- Flexible Bildungsangebote, entsprechende strukturelle und inhaltliche Anpassung in allen Bereichen des Bildungssystems inklusive der frühkindlichen Bildung
- Barrieren werden beseitigt, welche die Teilhabe von Kindern an Bildungsprozessen behindern
- Kinder werden in ihrer Mehrfach-Gruppenzugehörigkeit und damit in ihrer konkreten Lebenslage wahrgenommen
- Besondere Aufmerksamkeit gilt den Kindern, die von Marginalisierung und Benachteiligung betroffen oder bedroht sind" (WIFF 2011, S. 9)

Während die Integrationspädagogik sich darauf konzentriert(e), Kinder mit einem anderen kulturellen und / oder religiösen Hintergrund in die eigene Gruppe einzugliedern und die Anpassungsleistung ausschließlich von den „fremden" Kindern erwartet wird, richtet sich die Inklusionspädagogik auf die gleichberechtigte Teilhabe aller an allem. Aus dem Blickwinkel der Integration bleiben die Kinder mit Fluchterfahrungen die „besonderen" Kinder, während in einer inklusiven Pädagogik alle Kinder als individuell unterschiedlich und damit als etwas Besonders betrachtet werden.

In inklusiven Einrichtungen werden die Unterschiedlichkeiten begrüßt, es geht um eine Pädagogik der Vielfalt, die den Alltag und den Erfahrungsbereich von Kindern und pädagogischen Fachkräften erweitert. Unterschiedliche Bedürfnisse werden ergänzend zu beantworten versucht; wenn sich Bedürfnisse gegenseitig widersprechen, werden sie ausgehandelt und auf einer demokratischen Basis entschieden. Dabei gewinnt nicht immer die personelle Mehrheit, sondern auch das bedeutsamste Bedürfnis.

Teilhabe bedeutet in diesem Kontext: Die Bildungsbereiche und Bildungsangebote in der Kita werden alle in einer Weise gestaltet, sodass alle Kinder Zugang zu den Bildungsgelegenheiten haben und dabei keine Hürden überwinden müssen.

**Merkmale einer inklusiven Alltagspraxis**

▶ Eine zurückhaltende (Thematisierung erfolgt nur dann, wenn es aus der Situation heraus wichtig ist), indirekte Thematisierung von Unterschiedlichkeit, aktive Thematisierung von Diskriminierung und Ausgrenzung
▶ Partizipation auf Augenhöhe
▶ Pädagogik der Achtsamkeit und Feinfühligkeit
▶ Pädagogische Haltung im Sinne der Inklusion (selbstverständliche und selbstregulierbare Teilhabe aller)
▶ Berücksichtigung des Inklusionsgedankens im gesamtpädagogischen Konzept
▶ Gestaltung der Raum- und Materialkonzepte im Sinne der Inklusion
▶ Umfangreiches Fachwissen zu einer Pädagogik der Vielfalt
▶ Kompetenzen in den Grundlagen der gebärdenunterstützten Kommunikation

Kinder in Kitas, die ein inklusives pädagogisches Konzept leben, fühlen sich verstanden in ihren Bedürfnissen, ihrer Kultur, ihrer Religion. Sie erleben verlässliche Beziehungen und fühlen sich dadurch sicher. Diese Sicherheit ermöglicht ihnen, ihren Lernbedürfnissen nachzugehen, sich ihre (neue) Umwelt zu erobern und sie immer besser zu verstehen.

Das Erleben von Partizipation und Selbstbestimmung motiviert die Kinder, sich vielleicht erst mit Gesten und Gebärden verständlich zu machen und bald die deutsche Sprache zu erlernen. Die Selbstwirksamkeit, die die Kinder im gesamten Prozess erleben, stärkt ihr Selbstbewusstsein und fördert das Lernen in allen Bereichen.

## Umgang mit kultureller Diversität

Die wesentlichen Aspekte im Umgang mit kultureller Unterschiedlichkeit (kultureller Diversität) können schwerpunktmäßig an den folgenden fünf Aussagen festgemacht werden:

*Kulturelle Eigenheiten der unterschiedlichen ethnischen Gruppen sind in der Kindertageseinrichtung sichtbar*
Alle kulturellen Gruppen werden aktiv wertgeschätzt und respektiert. Im Alltag finden sie Gehör und Anknüpfungspunkte an die eigenen Lebenswelten. Beispiele dafür sind:
- Plakat mit Begrüßungsformeln in den Sprachen der Kinder und Eltern
- Landkarten im Raum, auf denen gekennzeichnet ist, wo die Kinder der Einrichtung herkommen
- Unterschiedliche Begrüßungsrituale werden achtsam wahrgenommen und sensibel aufeinander abgestimmt
- Elternbriefe und Elterninformationen werden in die entsprechenden Sprachen übersetzt
- Das Essen ist auf die unterschiedlichen Bedürfnisse und religiösen Vorschriften so weit wie möglich abgestimmt

*Die Erstsprachen (Muttersprachen) der Kinder finden in der Kita Anerkennung und Unterstützung*
Sprachdifferenzen zwischen Familien und Einrichtung werden reflektiert und aktiv abgebaut. Bilinguale Sprachprogramme unterstützen die Sprachvielfalt und damit das deutsche Sprachverständnis. Liegt eine sprachliche Störung oder Verzögerung in der Erstsprache vor, erfolgt eine entsprechende Förderung. Beispiele dafür sind:
- Neben deutschen Bilderbüchern sind auch Bilderbücher aus anderen Ländern, in anderen Sprachen vorhanden
- Kinder untereinander und Kinder mit ihren Eltern sprechen in ihrer Muttersprache miteinander
- Pädagogische Fachkräfte, die eine nicht-deutsche Muttersprache haben oder eine Fremdsprache sehr gut beherrschen, bringen ihre Kompetenzen im Alltag in immer wiederkehrenden Situationen ein
- Kinder lernen in den Stammgruppenzeiten oder bei den Kinderkonferenzen Spiele, Lieder und Gedichte von anderen Kindern in ihrer Muttersprache
- Kinder mit Deutsch als Zweitsprache finden sich nicht in Sprachfördergruppen wieder, sondern werden im Alltag bewusst sprachlich begleitet
- Kinder mit Deutsch als Zweitsprache werden mit ihren sprachlichen Fähigkeiten in der Muttersprache und nicht in der deutschen Sprache bewertet

*Kinder in schwierigen Lebenssituationen werden bewusst in ihrer Kompetenzentwicklung unterstützt*
Familiäre Begrenzungen, die verhindern, dass Kinder Fähigkeiten im kognitiven, sozialen, und kulturellen Bereich entwickeln, werden kompensiert. Entsprechende Angebote im Alltag wer-

den von den pädagogischen Fachkräften gesucht, hilfreiche Rahmenbedingungen geschaffen und damit die Bildungsbiografie unterstützt. Beispiele dazu sind:

- Bei Bedarf werden den Familien Bücher in ihrer Muttersprache und Spiele zum häuslichen Gebrauch ausgeliehen
- Die Zeit, die das Kind in der Einrichtung verbringt, orientiert sich am Bedarf der Familie und dem Kindeswohl
- Das Kindeswohl und seine Gefährdung werden genauso im Blick behalten wie bei allen anderen Kindern; Kinder haben einen Rechtsanspruch auf ihre Unversehrtheit; das gilt auch bei religiös motivierten Beschneidungen von Mädchen und Jungen (...)
- Kindern mit einem starken Bewegungsdrang stehen Möglichkeiten für Bewegung unbegrenzt zur Verfügung
- Kinder mit wenig Selbstvertrauen werden aktiv in die Verantwortung für die Gemeinschaft einbezogen, um positive Rückmeldungen zu bekommen und sich als wirkungsvoll und hilfreich zu erleben
- Besondere Interessen und Kompetenzen oder auch Begabungen werden aktiv unterstützt

### Kinder aus ethnischen Minderheiten werden gezielt in ihrem Selbstkonzept gestärkt

Ein aktives Aufgreifen der personenbezogenen Themen stärkt den Bildungserfolg. Beispiele dafür sind:

- Religiöse Feste werden in der Einrichtung wahrgenommen und entsprechend in den Jahreskreis aufgenommen und gestaltet
- Märchen und Fabeln aus den entsprechenden Ländern werden allen Kindern angeboten
- Im angebotenen Material und den Spielen spiegelt sich die Lebenswelt von allen Kinder wider
- Das eigene Selbst- und Rollenverständnis wird nicht kritisiert, gleichwohl werden unterschiedlich Selbstkonzepte angeboten
- Kinder, die ihre traditionelle Rolle im Spiel einmal verlassen, werden weder getadelt noch aktiv unterstützt, sondern die Erfahrung wird mit ihnen vorurteilsbewusst reflektiert
- Kulturbezogene Interessen werden begleitet und unterstützt

### Rassismus, Diskriminierung und Unterdrückung in der Einrichtung selbst sowie im Sozialraum werden von allen Kindern wahrgenommen und reflektiert

Gerechtigkeit als Grundlage gemeinsamen Lebens, Partizipation und Fremdheitskompetenz werden von den pädagogischen Fachkräften vorgelebt und gemeinsam eingeübt. Beispiele dafür sind:

- Die pädagogischen Fachkräfte reflektieren regelmäßig ihren Umgang mit den Kindern und ihre Haltungen in externen Supervisionsprozessen
- Ausgrenzungen werden mit allen Kinder ohne moralischen Zeigefinger besprochen
- Der Umgang mit dem Fremden wird von den pädagogischen Fachkräften aktiv herbeigeführt und feinfühlig begleitet
- Fehlerfreundlichkeit sich selbst und anderen gegenüber wird als Kompetenz bewertet und entsprechend in vielen passenden Situationen weiterentwickelt

- Alles Material, alle Spiele und die Dekoration in der Einrichtung werden unter diesem Blickwinkel betrachtet und entsprechend reflektiert. Der Sozialraum wird kritisch überprüft und gegebenenfalls in Stadtteilforen oder anderen Gremien darauf aufmerksam gemacht (vgl. Deutsches Jugendinstitut 2013, S. 24f.)

## Was bedeutet kultursensibel?

*„He, ich bin hier der Mann ...!"*

*Murrath (5,6 Jahre) sitzt im Bistro der Kita Sonnenschein und fordert seine kleine Schwester Merath (4,3 Jahre) im Befehlston auf, ihm einen Teller mit dem gewünschten Frühstück zu bringen. Merath ist mit ihren Freundinnen zusammen, die dieses Verhalten sofort als „doofes Männertun" bezeichnen und der Meinung sind, dass sich der Bruder doch selbst sein Essen holen soll. Das macht Murrath ärgerlich, und er baut sich vor seiner kleinen Schwester auf: „He, ich bin hier der Mann, und du musst machen, was ich sage!"*

*Die Leiterin der Kita, Frau Luzeka, stellt sich neben ihn, lacht und sagt: „He, kleiner Mann, ich bin hier die Leitung, und du holst mir sofort einen Apfel." Murrath hält kurz verdutzt inne, dreht sich um und läuft Richtung Büfett. Frau Luzeka hält ihn auf: „Stopp, ich will gar keinen Apfel. Ich wollte dir nur etwas zeigen." Dann fordert sie Murrath auf, sich mit ihr zu den Mädchen zu setzen.*

*Sarah (5,2 Jahre) meint gleich: „Genau, die Mädchen haben auch was zu sagen. Nicht nur die blöden Jungs." Frau Luzeka meint dazu: „Darum ging es mir gar nicht, und blöde Jungs ist auch nicht gerecht. Du findest ja gar nicht alle Jungen blöd, oder?" Dann wendet sie sich an Murrath: „Warum glaubst du, dass du deiner Schwester Befehle erteilen darfst, die sie erfüllen muss?" „Weil sie ein Mädchen ist, und alle Männer sagen der Frau, was sie machen soll", antwortet Murrath.*

*Nach einem kurzen Wortwechsel, in dem es darum geht, warum der Stärkere befiehlt und der Schwächere gehorchen muss, auch wenn er keine Lust dazu hat, meint Frau Luzeka: „Ich mische mich eigentlich nicht in eure Konflikte ein. Diesmal habe ich es jedoch gemacht, weil wir in der letzten Kinderkonferenz beschlossen haben, dass wir etwas sagen sollen, wenn uns etwas auffällt, das ungerecht oder abwertend einem anderen gegenüber ist. Mädchen sind genauso viel wert wie Jungen. Keiner hat das Recht, einem anderen gegen seinen Willen etwas zu befehlen. So, Murrath, und nun hole ich dir dein Frühstück, nicht weil ich eine Frau bin, sondern weil ich dich mag und dir heute eine Freude machen möchte."*

Aus unserem Praxisbeispiel wird deutlich, wie schwer es ist, immer vorurteilsfrei, offen und kultursensibel in allen Situationen zu sein. Vielleicht lebt die Familie von Murrath eine sogenannte klassische Rollenverteilung, bei der die Frauen für den häuslichen Bereich verantwortlich sind und die Männer versorgen. Typisch, haben Sie jetzt vielleicht gedacht. Doch das Bild der deutschen Hausfrau, die angeblich Pantoffeln und Bier bereithält, wenn der Mann nach Hause kommt, ist das dann wiederum typisch deutsch?

Murrath und Merath haben heute die Erfahrung gemacht, dass in der Kita andere Regeln gelten als zu Hause. Und wenn Sarah morgen die Praktikantin Emilie dabei beobachtet, wie sie eine neue Deckenlampe anbringt, wundert sie sich vielleicht, dass Frauen das können, was zu Hause immer der Papa macht. Die Kinder haben damit ihr Weltwissen erweitert und wieder einmal erlebt, wie vielfältig die Welt ist.

Kultursensibel zu sein bedeutet die Anerkennung und Akzeptanz von Unterschiedlichkeit bei allen Menschen. Pädagogische Fachkräfte sind hier gefragt, die systematisch alle Prozesse des Alltags unter einer kultursensiblen Perspektive reflektieren. Das beginnt mit der eigenen Sprache, wo im Eifer des Gefechts schon einmal der „der Mobb türkt". Es geht auch darum, das Material in der Einrichtung auf Stereotypen und unter kultursensiblen Aspekten zu untersuchen (siehe Seite 16). Vielleicht fallen Ihnen dazu gleich die zehn unterschiedlichen hellhäutigen Puppen und die eine afrikanisch anmutende ein; hier kann man sich des Eindrucks nicht erwehren, dass Menschen mit heller Haut in den verschiedensten Ausprägungen wahrgenommen werden, Menschen mit dunkler Hautfarbe scheinen dagegen alle ziemlich gleich auszusehen(?). Auch die Bilderbücher, die Geschichten von Kindern aus anderen Ländern erzählen, sind kritisch zu betrachten: „Sarina lebt in Indien, ihre Eltern sind sehr arm ..." Genauso die in vielen Kindertageseinrichtungen beliebte Weltkarte, auf der die Kinder dieser Welt mit „schön" stereotypen Merkmalen in einem Kreis aufgemalt sind.

Grundsätzlich geht es darum, eine Haltung zu entwickeln, die dem Gegenüber sein Selbstbestimmungsrecht, seine eigene Sicht auf die Welt lässt, und wir im Bedarfsfall einen Aushandlungsprozess beginnen, der eben nicht von der Mehrheit bestimmt wird, sondern in dem die Dringlichkeit verschiedener Bedürfnisse Gehör findet. Ambiguitätstoleranz oder Spannungstoleranz wird das in der Fachsprache genannt. In Bezug auf eine Pädagogik der Vielfalt bedeutet dies die Kompetenz, kulturell bedingte Widersprüche und unterschiedliche Handlungsweisen offen zu betrachten; sie als gegeben hinzunehmen, ohne aggressiv, ängstlich oder frustriert zu reagieren. Diese Kompetenz zu erlernen oder sie zu erweitern, setzt die Akzeptanz voraus, dass alle Menschen verschieden sind und ein Recht auf unterschiedliche Bedürfnisse haben.

### Der kulturelle Blick ist immer auch eine Konstruktion

Kultursensible Wahrnehmung im Umgang mit Kindern und Eltern setzt eine akzeptierende und achtsame Haltung voraus, ein Bewusstsein für Unterschiedlichkeit und kann dazu verhelfen, die Chancen, die in der Vielfalt liegen, zu erkennen. Pädagogische Fachkräfte werden Kindern aber nicht gerecht, wenn sie alles, was diese tun, unter einer „kulturellen Brille" betrachten und das Kind damit auf die eine Perspektive reduzieren.

PRAXIS

*„Das hat Roberto nicht böse gemeint ...“*

*In der Kita Sonnenschein arbeiten Roberto (4,1 Jahre) und Andreas (4,2 Jahre) mit anderen Kindern zusammen im Gemüsegarten. Emilie, die Praktikantin, begleitet sie dabei. Roberto macht sich eifrig daran, den Salat vom Unkraut zu befreien. Dabei lässt er alles, was gerade blüht, stehen. Andreas, der sich das Möhrenbeet herausgesucht hat, dreht sich zu Roberto um: „Das ist auch Unkraut“, meint er und reißt einige Gänseblümchen aus dem Salatbeet. Roberto schreit „Lass das!“ und schubst Andreas grob aus dem Beet, sodass er auf den Po fällt und vor lauter Schreck anfängt zu weinen. Emilie eilt zu Andreas, um ihn zu trösten. Sie beschwichtigt: „Das hat Roberto nicht böse gemeint, Italiener sind halt so temperamentvoll.“*

Welchen Grund könnte uns Emilie für ihre Worte angeben? Vielleicht, dass sie bei Andreas Verständnis für Robertos Verhalten wecken und bekräftigen wollte, dass das Schubsen wirklich nicht böse gemeint sein konnte. Weder für Roberto noch für Andreas ist diese Erklärung jedoch hilfreich. Andreas hört vermutlich heraus, dass Roberto gar nichts gegen das Schubsen (= sein Temperament) machen kann. Soll sich Andreas also weiter von Roberto schubsen lassen, weil der halt (kulturell bedingt) so ist? Und Roberto hört heraus: Du bist anders als wir, du bist Italiener. Mit ihrer Bemerkung macht Emilie Roberto zum Außenseiter und distanziert sich selbst von „dieser Kultur“.

Damit übernimmt sie die Deutungsmacht dieser Szene: Indirekt bestimmt sie, welche Kultur hier die richtige ist, nämlich die eigene. Die deutsche Kultur – sofern es diese überhaupt gibt – ist die dominante Bezugsgröße. Wäre die Auseinandersetzung zwischen den beiden Jungen andersherum verlaufen, hätte sie Roberto wohl nicht damit getröstet: „Weißt du, Andreas Verhalten ist halt typisch für die deutsche Kultur.“

Die individuellen Aspekte treten bei diese Szene in den Hintergrund: die Persönlichkeiten der beiden Kinder, ihre Entwicklungsgeschichte, die Beziehung, die beide zueinander haben. Vielleicht haben Andreas und Roberto eine gemeinsame Kultur des Umgangs miteinander entwickelt, in der kleinere, körperliche Auseinandersetzungen üblich sind und von beiden nicht negativ bewertet werden. Oder Roberto hat sich in seinem Bemühen, dem sonst so tristen Salatbeet etwas Farbe zu verleihen, missachtet gefühlt. Vielleicht war Andreas heute schon einmal aus der Sicht von Roberto übergriffig (auch wenn er das vermutlich so nicht ausdrücken würde), und nun ist das berühmte Fass übergelaufen.

Diese Auseinandersetzung mit den Motiven beider Jungen hätte für alle hilfreich sein können, die Hintergründe der Handlung besser zu verstehen. Mit Blick auf das individualisierte Lernen, könnte dies bedeuten: Andreas versteht nun mehr davon, dass nicht alle es gut finden, wenn man sich ungefragt einmischt. Und Roberto hätte möglicherweise erkannt, was seine große Wut ausgelöst hat und warum er Andreas nicht verbal stoppen konnte.

## Was bedeutet vorurteilsbewusste Bildung und Erziehung?

Der Anti-Bias-Ansatz (Bias = Voreingenommenheit, Einseitigkeit) wurde im Jahr 1989 von der Pädagogin Louise Dermann-Sparks und ihren Kolleginnen entwickelt. Im Projekt „Kinderwelten" am Institut für den Situationsansatz an der Freien Universität Berlin wurde dieser Ansatz modifiziert und als „Vorurteilsbewusste Bildung und Erziehung" weiterentwickelt.

Vorurteile sind Urteile, die wir treffen, ohne sie auf die faktischen Grundlagen hin zu überprüfen oder begründen zu können. Menschen brauchen zur Orientierung Vorurteile, um die Vielfalt, die sie erleben, immer wieder durch Kategorisierungen eindämmen zu können und so die Welt wieder überschaubarer (also weniger komplex) zu machen. Vorurteile sind einseitig entwickelte Voreingenommenheiten, die sich an unterschiedlichen Merkmalen von Einzelnen oder Gruppen festmachen – zum Beispiel: Alle Afrikaner sind arm, aber musikalisch. Frauen können nicht Autofahren. Und so weiter und so fort. Es wird eine Generalisierung vorgenommen, ohne zu berücksichtigen, dass, um in unseren Beispielen zu bleiben, Frauen und Afrikaner in ihrer Persönlichkeit und in ihrer Gruppenzugehörigkeit sehr unterschiedlich sind.

In der Regel werden diese Zuschreibungen gesellschaftlich geduldet und als Wahrheiten häufig unreflektiert übernommen. Im Anti-Bias-Ansatz geht es darum, Machtverhältnisse aufzudecken, die die Diskriminierung erst ermöglichen, und durch neue demokratische Entscheidungen mehr Gerechtigkeit und Teilhabe entstehen zu lassen.

In unserem Praxisbeispiel würde Emilie vielleicht von ihrer Anleiterin darauf angesprochen werden, wie sie auf die Idee kommt, dass alle Italiener temperamentvoll seien. Und vor allem, warum dieses Temperament, wenn es denn vorhanden ist, sich in Aggression zeigt. Es handelt sich hier um die Frage, ob diese Deutung zulässig ist, was damit geklärt und was damit verhindert wird. Es geht nicht darum, Emilie zu verdeutlichen, was sie alles falsch gemacht hat, sondern vielmehr das Bewusstsein dafür zu wecken, wie es gelingen kann, dem Gegenüber jeden Tag ein wenig mehr gerecht zu werden.

Damit stellt die vorurteilsbewusste Pädagogik hohe Anforderungen an die reflexiven Fähigkeiten der pädagogische Fachkräfte, die sich damit auseinandersetzen, warum die akzeptierende Haltung von Unterschiedlichkeit in bestimmten Situationen so schwerfällt, und warum es immer wieder einfacher ist, in die alten Vorurteile zurückzufallen. Der Anti-Bias-Ansatz ist im Grunde ein Konzept zur Qualitätsentwicklung zur Überprüfung der pädagogischen Praxis. Einseitige individuelle, institutionelle und gesellschaftliche Voreingenommenheiten sollen aufgedeckt und verändert werden.

Kinder entwickeln ihre Identität und ihr Selbstbewusstsein durch die Wahrnehmung ihrer Umwelt; dabei spielt die Haltung der Erwachsenen in ihrem Umfeld eine große Rolle. Bereits mit einem Jahr beginnen Kleinkinder, Unterschiede wahrzunehmen. Sie haben ein Interesse daran, diese Unterschiede zu untersuchen und festzustellen, welche Merkmale konstant und welche individuell sind. Zwischen dem dritten und fünften Lebensjahr beginnen Kinder, Bezeichnungen für diese Unterschiede zu suchen und entwickeln Theorien darüber, wie sie entstehen. Gerade in der Unterscheidung spüren sie, wer sie selbst sind und wer sie sein wollen.

Ab dem vierten Lebensjahr entwickeln Kinder ein Zugehörigkeitsgefühl zu unterschiedlichen Gruppen und beginnen andere auszugrenzen. So gehört zum Beispiel die knapp fünfjährige Vanessa zu ihrer Familie, zur Gruppe der Schneewölfe und zu den Mädchen. Die Zugehörigkeit zu einer Gruppe ermöglicht es auch, Unterschiede deutlicher wahrzunehmen.

### Sind Jungen stärker als Mädchen?

*Im Bauzimmer der Kita Sonnenschein arbeiten heute mehrere Kindergruppen an ihren Projekten. Vanessa (4,8 Jahre), Merath (4,3 Jahre), Antonia (4,8 Jahre) und Rahira (3,5 Jahre) haben einen Zoo gebaut und wollen ihn nun mit Tieren und Pflanzen beleben. Vanessa geht durch das Zimmer und holt sich die große Kiste mit den Tierfiguren. Dabei stößt sie an die Eisenbahn, mit der sich Roberto (4,1 Jahre) und seine Freunde gerade beschäftigen. Roberto ärgert sich und ruft: „Vanessa, kannst du nicht aufpassen? Du bist doch viel zu schwach, um die Kiste tragen zu können. Alle Mädchen sind schwach." „Und du bist blöd, wenn du so was sagst", antwortet Vanessa*

*Paul, der Praktikant, der bei den Jungen sitzt, meint, dass sich Vanessa und Roberto im Moment wohl sehr ärgern und es vielleicht ganz gut sein könnte, das Thema morgen in die Kinderkonferenz einzubringen. Schon seit zwei Wochen arbeiten die Kinder am Thema „Die Rechte von Kindern" und Menschenrechte ganz allgemein.*

*Nachdem die Kinder am nächsten Tag die Szene in die Kinderkonferenz eingebracht und unter den Aspekten Diskriminierung und Stigmatisierung gut besprochen haben, fällt den pädagogischen Fachkräften auf, dass die Kinder überall in den Räumen und im Garten Gewichte heben. Es werden Parcours aufgebaut, Eimer mit Sand gefüllt oder Sprudelkisten zu zweit über eine weite Strecke getragen. So hat der kleine Konflikt zwischen Vanessa und Roberto vielen Kindern in der Kita neue Impulse zum Explorieren gegeben.*

Wenn pädagogische Fachkräfte beginnen, auf Stigmatisierung und Diskriminierung zu achten und mit den Kindern darüber ins Gespräch kommen, fangen die Kinder in aller Regel an, ihre Unterschiedlichkeit genauer zu betrachten. Die intensive Auseinandersetzung mit den Unterschieden ist ein wichtiger Bestandteil der Identitätsentwicklung und darf auf keinen Fall durch Gleichmacherei unterbunden werden. Pädagogische Fachkräfte sind aufgefordert, selbstkritisch ihr eigenes Handeln zu reflektieren und die eigenen Vorurteile zu bearbeiten. Denn Kinder sind sensibel für Meinungen und Vorstellungen, die sie betreffen, und übernehmen sie in ihr Selbstbild – gleichermaßen die Abwertung wie die Bevorzugung.

Mit dem Gefühl, selbst richtig zu sein, wird es möglich, Vielfalt positiv zu erleben. Anderes Aussehen, fremde Sprachen machen starke Kinder neugierig und fördern die Empathie. Ungerechtigkeit lässt sich dann nicht mehr durch ein gruppenbezogenes Merkmal rechtfertigen. Im Gegenteil: Die pädagogischen Fachkräfte regen an, über Gerechtigkeit und Fairness zu diskutieren und entwickeln mit den Kindern eine gemeinsame Sprache, um herauszufinden, was fair und was unfair ist. Die Kinder erleben dann, wie wichtig eine kritische Haltung ist, auch gegenüber machtvollen Gruppierungen und Autoritäten, und fühlen sich ermutigt, sich für Gerechtigkeit einzusetzen und Ausgrenzung zu verhindern.

Die vorurteilsbewusste Erziehung setzt also nicht auf kurzfristige Prozesse, sondern darauf, dass sich Kinder zu Erwachsenen entwickeln, die mehr Akzeptanz für die Unterschiedlichkeit von Menschen mitbringen und kritisch das Machtverhalten reflektieren.

# Kinder stärken – Resilienz fördern

Gerhard Fleischer

Das Konzept der Resilienz hat in den letzten Jahren immer mehr Bedeutung für die pädagogische Arbeit bekommen. Gerade als pädagogische Fachkraft in Krippe, Kita und Hort können Sie aktiv zur Stärkung aller Kinder und besonders der Kinder mit Fluchterfahrungen beitragen.

## Das Konzept der Resilienz

Das Wort „Resilienz" ist abgeleitet vom lateinischen „resilire". In der wörtlichen Übersetzung bedeutet dies: abprallen, zurückspringen. Resilienz meint eine psychische Widerstandskraft gegenüber belastenden Lebensereignissen (Gabriel 2005, zitiert nach Wyrobnik 2012).

Das Kind benötigt seine psychische Widerstandskraft, um ganz unterschiedliche Herausforderungen und Belastungen zu bewältigen. Die Abstufung beginnt bei Entwicklungsherausforderungen, die jedes Kind beim Heranwachsen durchläuft (z. B. Übergang von der Kita in die Schule). Akute Belastungskrisen (z. B. Konflikte zwischen den Eltern) oder kritische Lebensereignisse (z. B. Trennung oder Scheidung der Eltern) stellen in der Regel bereits eine höhere Belastung für ein Kind dar. Schwerwiegende Herausforderungen sind zum Beispiel traumatische Krisen, die im Kontext von Gewalt, Krieg oder Missbrauch geschehen (vgl. Krause in Wyrobnik 2012, S. 21).

*Was im pädagogischen Alltag die Resilienz fördert*

PRAXIS

*„Wie schön, dass du heute wieder da bist!"*

*Lamin (4,8 Jahre) wird von seiner Bezugserzieherin, Frau Rosenstock, gleich an der Tür der Kita Sonnenschein begrüßt. Jeden Morgen sagt sie ihm, wie sehr sie sich freut, dass er wieder da ist, und fragt ihn, ob er schon weiß, was er heute machen möchte. Auch erkundigt sie sich danach, ob Lamin heute einen besonderen Wunsch hat.*

*Als sich Lamin später im Garten wehtut, läuft er zu Frau Rosenstock, die ihn gleich trösten kann. Anschließend schauen sich beide sein Portfolio an; die Erzieherin freut sich mit ihm über die gelungene Backaktion mit seiner Mutter, die im Portfolio dokumentiert ist.*

An dieser alltäglichen Szene wird deutlich, dass es nicht immer große Aktionen und Angebote sein müssen, die Kinder stärken. Frau Rosenstock zeigt Lamin in unterschiedlichen Situationen, dass sie ihn wahrnimmt und sich für ihn interessiert. Sie tröstet ihn und freut sich mit ihm.

Es gibt viele kleine Beispiele, die die Resilienz ganz nebenbei im Alltag stärken:

- Mit jedem wertschätzenden Kommentar zu einer vom Kind gezeigten Kompetenz stärken Sie diese Fähigkeit und gleichzeitig die Selbstwahrnehmung und das Selbstbewusstsein.
- Mit jeder etwas anspruchsvolleren Aufgabe, die Sie den Kindern überlassen, fördern Sie die Problemlösefähigkeit und damit die Selbstwirksamkeit. Ist die Aufgabe gelungen, stärkt das die Gefühle von Selbstwert und Selbstbewusstsein; ist sie nicht gelungen, erweitert sich die Kompetenz, fehlerfreundlich zu sein.
- Beim Spaziergang in der Natur entdecken die Kinder Neues, stellen Fragen und suchen nach Antworten. Das stärkt die Neugierde und den Forscherdrang; sie selbst sind Akteur ihrer Bildung.
- Beim Essen selbst bedienen stärkt die Selbstwahrnehmung, die Selbstwirksamkeit und die Selbstbestimmung / Selbstbemächtigung.
- Beim Singen spüren Kinder ihren Körper, ihre Gefühle und entspannen sich. Singen wirkt dadurch angstmindernd und im Bereich der Selbstwahrnehmung und Selbststeuerung.
- Beim Balancieren lernt das Kind, nicht nur seinen Körper im Gleichgewicht zu halten, sondern auch seelisch in Balance zu kommen. Körpergefühl, Selbststeuerung und Selbstwirksamkeitsgefühle werden aktiviert.
- Im Spiegel der pädagogischen Fachkraft erleben die Kinder, wie mit den unterschiedlichsten Befindlichkeiten umgegangen werden kann und haben ein Vorbild. Dies stärkt die Alltagskompetenz und das Selbstbewusstsein im Bereich der Problemlösung.

Auch auf welche Weise die pädagogische Fachkraft mit eigenen Schwächen umgeht, kann als Modell genutzt werden: Wenn Sie mal einen Tag nicht so fit sind, teilen Sie dies den Kindern mit. Erklären Sie ihnen, dass so etwas auch bei Ihnen vorkommt, sodass Sie dann eben ein bisschen langsamer machen. Gerne werden die Kinder Sie unterstützen und lernen dabei, dass es auch für Situationen, die nicht der erwarteten Normalität entsprechen, eine gute Lösung gibt. Und die Kinder erleben, selbst in diesen Situationen hilfreich sein zu können. Das stärkt die Selbst- und Fremdwahrnehmung, die soziale Kompetenz und die Empathie.

Die Förderung von Resilienz bei Kindern mit Fluchterfahrungen stellt nicht grundsätzlich eine zusätzliche Belastung oder Anstrengung dar, sondern unterstützt alle Kinder in der Entwicklung ihrer seelischen Widerstandskraft.

PRAXIS

*Lamin tut es gut, dass seine Mutter in der Kita gebraucht wird*

*Lamin (4,8 Jahre) besucht seit sechs Monaten die Kita Sonnenschein. Er stammt aus Nigeria und kam mit seiner Mutter und seiner Schwester, die bereits in die Schule geht, unter äußerst schwierigen Bedingungen in Deutschland an. Seine beiden Brüder und auch sein Vater sind verschwunden, vermutlich sind sie tot. Lamin ist aufgrund von Mangelernährung körperlich nicht altersgerecht entwickelt und hat Probleme mit dem Essen. Er braucht regelmäßige, kleine Mahlzeiten; isst er zu viel oder zu fett, erbricht er alles wieder.*

*Lamin war mit seiner Familie gute zwei Jahre auf der Flucht und hat viele Situationen erlebt, die sehr belastend waren. Seit die Familie einen Asylantrag gestellt hat und dieser vermutlich auch positiv beschieden wird, beruhigen sich alle langsam; auch wenn die Mutter oft weint, weil die Lebensumstände hier sehr beengt und einschränkend sind. Sie würde lieber arbeiten gehen und damit sich und die Kinder selbst versorgen, als den ganzen Tag zu Hause zu sitzen und Zeit zum Nachdenken zu haben. Die finanzielle Abhängigkeit und die Tatsache, dass sie zum eigenen Lebensunterhalt nichts beitragen kann, machen ihr viel zu schaffen.*

*Da sie in Nigeria als Näherin gearbeitet hatte, hat sie nun ehrenamtlich das „Nähatelier" in der Kita übernommen. Mehrmals in der Woche unterstützt sie die Kinder zwei bis drei Stunden beim Nähen und bringt mit ihren farbenfrohen Ideen neuen Schwung in die Arbeit. Lamin tut es gut, dass seine Mutter hier gebraucht und in ihren Kompetenzen wertgeschätzt wird. Mutter und Sohn lernen durch die vielen Kontakte mit den Kindern die deutsche Sprache sehr schnell.*

Am Beispiel von Lamin wird deutlich, wie wichtig es ist, dass die pädagogischen Fachkräfte feinfühlig nachfragen, was die Familien vor und auf ihrer Flucht erlebt haben:

- Welche Risiko- und Schutzfaktoren (siehe Seite 37) sind im familiären und sozialen Umfeld und beim Kind vor der Flucht wahrnehmbar gewesen?
- Welchen belastenden Erfahrungen (Stressoren) waren das Kind und die Familie während der Flucht ausgesetzt?
- Wie bewerten das Kind und die Familie diese Erlebnisse? Je nach sozialer und kultureller Zugehörigkeit können in den Familien völlig verschiedene Bewertungen wirksam sein.
- Welche hilfreichen und unterstützenden Erfahrungen hat das Kind in prekären Situationen gemacht?

Ein Kind, das bis zum fünften Lebensjahr im Heimatland unter lebensbedrohlichen Verhältnissen aufgewachsen ist und damit bestimmten Belastungssituationen ausgesetzt war, die es dank eines unterstützenden familiären Umfeldes gut verarbeitet hat, erlebt ein ähnliches Fluchterlebnis als wesentlich weniger bedrohlich als ein Kind, das zwar in einem eher gesicherten Umfeld gelebt hat, in dem die familiären Beziehungen aber brüchig und wenig unterstützend waren.

In vielen Fällen haben Kinder während der Flucht die Erfahrung gemacht, dass die Eltern und sie selbst ohnmächtig sehr belastenden oder bedrohlichen Umständen ausgesetzt sind: Krankheit ohne ärztliche Hilfe, Nahrungsmangel als entwürdigend erlebte hygienische Zustände oder gar die zeitweise Trennung von der Familie auf unterschiedlichen Booten etc.

Wiederkehrende Erfahrungen von **Autonomie**, **Selbstwirksamkeit** und **Partizipation** sind ungemein bedeutsam für die Kinder, damit auf Dauer die Ohnmachtserfahrung nicht das Selbstbild dominiert.

### Schutzfaktorenkonzept

Die Resilienzforschung hat sich immer wieder damit beschäftigt, warum Kinder in ähnlichen Belastungssituationen sehr unterschiedlich reagieren. Sie fanden heraus, dass bestimmte Faktoren, sogenannte Schutzfaktoren, den Kindern ermöglichen, mit Belastungen so umzugehen, dass sie gesund bleiben und sich gesund weiterentwickeln können.

Unter den **personalen Schutzfaktoren** versteht man zum einen die angeborenen Faktoren, wie zum Beispiel ein angenehmes Temperament (das Kind wird eher als anpassungsfähig und ausgeglichen erlebt), sowie zum anderen die **erworbenen personalen Schutzfaktoren**, die das Kind in der innerpsychischen Auseinandersetzung und der Auseinandersetzung mit der Umwelt gelernt hat (z. B. sicheres Bindungsmuster, Selbstwirksamkeit, Problemlösefähigkeiten). Die erworbenen personalen Schutzfaktoren sind das, was wir heute als die sogenannten **Resilienzfaktoren** betrachten. Da diese „erlernbar" sind, sind sie zugleich sehr bedeutsam für die pädagogische Fachkraft.

Jedes Mal, wenn Frau Rosenstock aus unserem Praxisbeispiel Lamin in seinem Tun wertschätzend begleitet, stützt sie die Resilienzfaktoren im Allgemeinen und die Bindung als wesentlichen Resilienzfaktor im Besonderen. Mithilfe von Bildungs- und Lerngeschichten, mit dem Übertragen von Verantwortung, dem Umsetzen seiner besonderen Essbedürfnisse, aber auch durch das Erleben von Grenzen wird Lamin immer wieder vermittelt, dass er selbstwirksam sein kann und ihm viel zugetraut wird.

Dabei kann die Wirkung einzelner Schutzfaktoren sehr unterschiedlich sein. Grundsätzlich gilt: Je mehr Schutzfaktoren vorhanden sind, desto höher ist die Wahrscheinlichkeit, dass das Kind belastende Erfahrungen oder krisenhafte Entwicklungsschritte erfolgreich bewältigt. Wirken mehrere Schutzfaktoren ergänzend zusammen, so wird die seelische Widerstandskraft insgesamt deutlicher gesteigert, als es die bloße Summe der Faktoren erwarten ließe.

### Risikofaktorenkonzept

Die Schutzfaktoren sind immer im Kontext von Situationen oder Prozessen, die als belastend erlebt werden, zu betrachten. Diese Kontexte werden als Risikofaktoren bezeichnet. Erst in solchen Kontexten werden bestimmte Fähigkeiten des Kindes deutlich und beobachtbar.

Inwieweit dann ein Risikofaktor zum Tragen kommt, hängt von der seelischen Verletzbarkeit (Vulenerabilität) ab. Tritt der Risikofaktor im äußerst verletzlichen Säuglingsalter auf, ist eine andere Auswirkung zu erwarten, als wenn das Kind bereits sechs Jahre alt und stabiler ist.

Schutzfaktoren können diese Risikofaktoren mildern oder sogar in ihrer Wirkung aufheben und damit die Wahrscheinlichkeit einer positiven und gesunden Entwicklung beim Kind erhöhen. Obwohl man Risiko- und Schutzfaktoren nicht einfach gegeneinander aufrechnen kann, gilt die Grundregel: Je mehr Schutzfaktoren gleichzeitig oder in günstiger Abfolge vorhanden sind, desto günstiger ist dies für die Bewältigung von belastenden Situationen oder Entwicklungsrisiken.

Lamin aus unserem Praxisbeispiel war vielen unterschiedlichen Risikofaktoren ausgesetzt, und die schwierigen Themen der Mutter sind vermutlich auch jetzt noch eine Belastung für ihn. Neben dem Schwierigen gibt es aber auch die positive Entwicklung, die wirkt. Für Lamin bedeutet die wertgeschätzte Arbeit der Mutter in der Kita einen wesentlichen Schutzfaktor. Dass die Mutter damit aus der eigenen Hilflosigkeit und Abhängigkeit heraustritt und aktiv ihre Kompetenzen einbringen kann, stabilisiert sie selbst und gibt Lamin wieder mehr das Gefühl, sich seiner Mutter als stabile Erwachsene anvertrauen zu können. Damit kann er Verantwortung und somit Belastung abgeben. Lamin lernt schnell, sich in der Kita zurechtzufinden, und auch sein Deutsch wird immer besser; darüber erlebt er Selbstwirksamkeit. Die vielen Möglichkeiten, selbst zu entscheiden, und die gute Einbettung in die Kindergruppe sowie die Beziehung zur Erzieherin wirken sich positiv als Schutzfaktoren aus.

Resilienz ist grundsätzlich auch eine situationsspezifische Kompetenz und nicht für alle erlebten Situationen gleich. Der Zweitspracherwerb zum Beispiel hat für Lamin vermutlich eine wesentlich höhere Bedeutung, als der Englischunterricht für ein deutschsprachiges Kind.

## Resilienzfaktoren in der pädagogischen Praxis

*Sich selbst und andere wahrnehmen*

*„Willst du mein Auch-Chef sein?"*

*Heute in der Kinderkonferenz sollen unter den Kindern die Aufgaben für das Sommerfest der Kita Sonnenschein verteilt werden. Lamin (4,8 Jahre) würde gerne mit seiner Mutter die Dekoration übernehmen; die Kinder hatten sich überlegt, die Fahnen der Nationen, aus denen die Kinder der Kita kommen, zu nähen und sie dann auf die Tische zu legen oder im Raum aufzuhängen. Seine Mutter hat im Nähatelier mit einigen Kindern schon mit der Arbeit begonnen. Lamin ist stolz, das seine Mutter die Dekoration für so einen gewichtigen Anlass anfertigen darf.*

*Angedacht ist, dass einzelne Kinder die Verantwortung für ein kleines Projekt innerhalb des Sommerfestes übernehmen und sich dann andere Kinder suchen, die mithelfen. Bei der Abstimmung, wer nun die Verantwortung für die Dekoration übernimmt, stellen sich die meisten Kinder hinter Lamin. Samy (5,4 Jahre), der auch gerne die Aufgabe bekommen hätte, kommt nicht zum Zug. Er beginnt zu weinen. Lamin geht daraufhin spontan auf Samy zu und fragt, ob er sein „Auch-Chef" sein will.*

Hier geht es um die ganzheitliche und adäquate Wahrnehmung der eigenen Emotionen und Gedanken und darum, diese in einem sozialen Kontext zu reflektieren. Das bedeutet, andere Personen mit ihren Gefühlen, Bedürfnissen und Befindlichkeiten angemessen wahrzunehmen bzw. einzuschätzen und in der Situation angemessen darauf zu reagieren.

Dieser Faktor ist besonders relevant, da er die Grundlage für andere Resilienzfaktoren darstellt. Erst wenn das Kind den „sozialen Faktor" erkennt und angemessen darauf reagiert, erlebt es in der Unterscheidung von Ich und Du soziale Anerkennung, Identitätsstärkendes und Selbstwirksamkeit.

### Selbststeuerung

*„In Ordnung, jetzt bist du wieder der Chef!"*

*Als Lamin (4,8 Jahre) am Tag vor dem Sommerfest in die Kita kommt, sind mehrere Kinder schon dabei, die Fahnen aufzuhängen. Samy (5,4 Jahre) zeigt ihm stolz, was sie schon gemacht haben. Lamin steigen Tränen vor Wut in die Augen. Sie hatten extra ausgemacht, dass alle auf ihn warten und er bestimmen darf, wo welche Fahne hinkommt. Wütend will er auf Samy losgehen, reißt aber im letzten Moment „nur" die nächstgreifbare Fahne herunter. Samy hält ihn fest und sagt: „O. K., jetzt bist du wieder der Chef." Lamin hört diese erlösenden Worte und beruhigt sich sofort wieder.*

Hier handelt es sich um die Fähigkeit, sein eigenes Handeln und seine Gefühle selbstständig zu regulieren. Dazu werden Strategien zur Selbstberuhigung oder Impulskontrolle entwickelt, die es möglich machen, Entscheidungs- und Handlungsalternativen zu entwickeln.

### Selbstwirksamkeit

*Lamin erlebt sich als selbstwirksam*

*Lamin (4,8 Jahre) freut sich, als die Fahnen aufgehängt sind. Und alle, die sie sehen, loben ihn, weil er es gut gemacht hat. Am meisten freut sich Lamin aber darüber, dass es ihm gelungen ist, Samy und andere Kinder zu finden, die ihn als Chef akzeptieren und mit ihm gemeinsam am Projekt Dekoration arbeiten wollten. Lamin selbst hat sich als wirksam in seinem Tun und in seiner Art, mit anderen umzugehen, erlebt.*

Hier geht es um das Vertrauen in die eigenen Fähigkeiten und Überzeugungen. Und darum, ein Ziel zu erreichen, auch wenn es die Überwindung von Hindernissen fordert oder eine Anstrengung kostet. Als Folge stellen sich ein Gefühl von Kompetenz, Stolz und eine ausgeprägte Zufriedenheit ein.

*Soziale Kompetenz*

### Ein Vorschlag zur Güte

*Lamin (4,8 Jahre) sitzt mit den Kindern zusammen, die gemeinsam mit ihm die Dekoration für das Sommerfest gestalten wollen. Antonia (4,8 Jahre) möchte die Blumen, die sie letztes Jahr gemacht hat, wieder basteln und aufhängen. Samy (5,4 Jahre) will keine Blumen, weil sie sich dieses Jahr ja für die Fahnen entschieden haben. Antonia und Samy fangen an zu streiten, und bald schreien sie laut. Lamin, der von der Praktikantin Emilie angestupst worden ist, unterbricht die beiden und unterbreitet folgenden Vorschlag: Am Eingang zum Garten werden die Blumen angebracht, und im Garten hängen dann die Fahnen.*

Lamin zeigt hier die Fähigkeit zum Umgang mit anderen. Er weiß soziale Situationen einzuschätzen und kann adäquate Verhaltensweisen zeigen. Einfühlung in andere Menschen, sich selbst behaupten, Konflikte lösen können, sich soziale Unterstützung zu holen, wenn dies nötig ist, gehören auch zur sozialen Kompetenz.

## Adaptive Bewältigungskompetenz

### Lamin will heute zurück zu seiner Mutter

*Lamin (4,8 Jahre) kommt sehr aufgeregt in die Kita. Es braucht lange, bis Frau Rosenstock versteht, was er ihr sagen will. Immer wieder unterbricht er sich selbst und fängt zu weinen an. Lamin kuschelt sich fest in den Arm von Frau Rosenstock und lässt sich trösten. Nach und nach stellt sich heraus, dass gestern die Cousine von Lamins Mutter mit ihren vier Kindern in die Unterkunft gekommen ist und die Vermutung bestätigt hat, dass Lamins Vater und seine Brüder tot sind.*

*Frau Rosenstock fragt Lamin nach einer Weile, was ihm denn heute guttun würde. Und er antwortet, dass er nach Hause zu seiner Mutter möchte. Frau Rosenstock macht sich mit ihm auf den kurzen Weg in die Unterkunft.*

In seinem Schmerz gelingt es Lamin, sich seiner Bezugserzieherin anzuvertrauen und sich von ihr trösten zu lassen. Er zeigt damit, dass er seine Situation einschätzen, bewerten und reflektieren kann. Auch kann er seine Grenzen (Heute ist mir die Kita zu viel) erkennen und Bewältigungsstrategien (Ich will zu meiner Mutter) entwickeln.

***Warum fällt die Blumengirlande immer wieder herunter?***

*Lamin (4,8 Jahre) ist dabei, mit der gleichaltrigen Antonia die Blumenkette für den Eingangsbereich aufzuhängen. Sie haben die Blumen mit Wäscheklammern an eine dicke Kordel gehängt und diese ganz oben an den Gartenzaun gebunden. Immer, wenn der Wind nun die Blumengirlande am Zaun entlangbewegt, fallen einzelne Blumen wieder ab. Lamin und Antonia sind davon schon ganz genervt. Als Lamin den Erzieher, Herrn Imanov, sieht, ruft er nach ihm und bittet um Hilfe. Herr Imanov hört sich das Problem an und beobachtet mit den Kindern, was der Wind genau macht und was die Wäscheklammern nicht können, da die Blumen immer wieder herunterfallen.*

*In dieser Analyse wird deutlich, dass der Wind die Blumen mit der Kordel so am Zaun entlangstreift, dass sie aus der Wäscheklammer herausgedrückt werden. Da die Wäscheklammern die Blumen nur an zwei Stellen halten, fallen diese dann auf den Boden. Antonia stellt fest, dass sie etwas brauchen, das die Blumen rundum festhält. Lamin überlegt, dass sie es mit Draht versuchen könnten, und Herr Imanov erklärt, dass das eine super Idee ist.*

Hier zeigen die Kinder die Kompetenz, komplexe Sachverhalte verstehen und reflektieren zu können. Sie entwickeln und setzen Lösungsmöglichkeiten unter Rückgriff auf vorhandenes Wissen und Können um.

## Grundlegende Bedingungen für resilienzfördernde Angebote

Resilienz wächst mit der Beziehung. Wie in großen Studien nachgewiesen (z. B. Werner & Smith 1982), beruht Resilienz grundsätzlich auf Beziehung. „Mindestens eine stabile Bezugsperson, die Vertrauen und Autonomie fördert" ist ein zentraler Schutzfaktor (Wustmann Seiler 2012, S. 116).

Für die Förderung von Resilienz in Kindertageseinrichtungen ist also das verlässliche und wertschätzende Bindungs- und Beziehungsangebot der pädagogischen Fachkraft ausschlaggebend. Sie schafft die Grundlage für die Förderung von Selbstvertrauen und gibt Sicherheit und Orientierung. Weitere Bedingungen zur Förderung von Resilienz sind:

- Eine kompetenzorientierte und ressourcenorientierte pädagogische Haltung; die Stärken eines Kindes stehen im Fokus, nicht die Schwächen
- Eine grundsätzlich wertschätzende Haltung
- Die Kinder werden ermutigt, sowohl negative als auch positive Gefühle auszudrücken
- Altersentsprechende Aufgaben werden an die Kinder übertragen
- Die Ermutigung, Beziehungen zu anderen Kindern aufzunehmen und Freundschaften zu pflegen

- Konstruktive Kritik üben: das Gelungene betonen, Nicht-Gelungenes eher beschreiben und keinesfalls als schlecht bewerten; gemeinsam überlegen, was noch ergänzt oder anders gemacht werden kann
- Die Kinder Fehler machen lassen, um zu erkennen, welche anderen Lösungen weiterführen, und um Fehlerfreundlichkeit zu erlernen (vgl. Krause in Wyrobnik 2012, S. 36f.).

*Diagnostik zur Förderung von Resilienz*

Für eine gezielte Förderung von Resilienz, insbesondere der personalen Resilienzfaktoren, ist es wichtig, möglichst detaillierte Informationen über den aktuellen Status von Schutzfaktoren und Risikofaktoren zu sammeln. Informationen erhält die pädagogische Fachkraft aus Gesprächen mit den Eltern, aus eigenen Beobachtungen des Kindes oder auch von eingebundenen Fachdiensten.

Hinweis: Es ist von besonderer Bedeutung, dass der Schwerpunkt bei der Diagnostik auf den **Kompetenzen des Kindes und seinen Schutzfaktoren** liegt. Andernfalls besteht die Gefahr, dass das Kind überwiegend von der defizitären Seite her wahrgenommen wird, was zur Folge hat, dass Kompetenzen in der Wahrnehmung abgeschwächt oder neu entstandene übersehen werden.

Um den gegenwärtigen Entwicklungsstand des Kindes, seine Kompetenzen und Schutzfaktoren zu ermitteln, gibt es eine Reihe von Beobachtungs- und Einschätzungsbögen, die hierzu einbezogen werden können. Da der PERiK-Bogen (PERiK = Positive Entwicklung und Resilienz im Kindergartenalltag) meines Erachtens dafür gut geeignet ist, wird er hier kurz vorgestellt:

Der PERiK-Bogen ist ein Beobachtungs- und Einschätzungsinstrument für Kinder von 3,5–6 Jahren. Er zielt auf die Wahrnehmung von sechs elementaren Bereichen der sozial-emotionalen Entwicklung:

- Kontaktfähigkeit
- Selbststeuerung / Rücksichtnahme
- Selbstbehauptung
- Stressregulierung
- Aufgabenorientierung
- Explorationsfreude
  (Staatsinstitut für Frühpädagogik 2007)

Obwohl diese sechs Bereiche mit den Kompetenzen der oben vorgestellten sechs personalen Resilienzfaktoren nicht ganz identisch sind, gibt es inhaltlich viele hilfreiche Entsprechungen.

## Anregungen für die praktische Arbeit

### Kinderbücher, Märchen und Geschichten

Geeignet zur Stärkung von Resilienz sind Kinderbücher und Märchen, in denen die Heldin / der Held eine schwierige Situation oder Ohnmacht bewältigt und aus der Not herausfindet. Wünschenswert ist es, dass darunter auch Märchen und Geschichten aus den Kulturkreisen der Kinder mit Fluchterfahrungen zu finden sind. Hier können die Eltern wertvolle Hinweise und Anregungen geben.

Eine Variante des Vorlesens besteht darin, das Märchen oder die Geschichte nur bis zu dem Punkt vorzutragen, an dem eine Aufgabe zu lösen ist. Die Kinder überlegen dann gemeinsam, welche Lösungsmöglichkeiten es geben könnte. Alternativ kann darüber gesprochen werden, welche Vorgehens- und Verhaltensweisen die Situation eher erschweren könnten.

Auf diese Weise werden die Kinder dazu angeregt, ihre Kompetenz zum Problemlösen zu nutzen und die Auswirkungen verschiedener Lösungen gedanklich durchzuspielen. Die Antworten auf die Frage, was einzelnen Kindern an der Geschichte besonders gefallen hat oder nicht, geben Hinweise darauf, womit sich das Kind im Moment innerlich beschäftigt.

Vertiefend zum Vorlesen kann sich aus einer Erzählung auch ein Rollenspiel entwickeln. Auf diese Weise können die Bilder, Symbole und Handlungen gefühlsmäßig intensiver erlebt und wirksamer erinnert und abgerufen werden.

### Arbeit mit Symbolen und Imaginationen / Fantasiereisen

In den indianischen Kulturen gab und gibt es die Tradition, sich symbolisch mit einem bestimmten Tier zu verbinden und darüber eine Stärkung zu erfahren. Die Kinder können sich zum Beispiel ein Tier aussuchen, das eine Eigenschaft besitzt, die sie sich wünschen. Sie stellen dann das Tier szenisch dar, bilden es mit Knetmasse nach oder erfinden eine kleine Geschichte, in der dem Tier seine besondere Eigenschaft hilft. In einer passenden Situation kann die pädagogische Fachkraft dann fragen: Was würde dein Tier in dieser Situation machen?

Zur Unterstützung der Regulierung von Gefühlszuständen (Selbststeuerung) kann auch mit dem Kind überlegt werden, welches Tier eine Fähigkeit besitzt, die das Kind noch weiterentwickeln möchte. Handelt es sich zum Beispiel um die Fähigkeit, Geduld zu haben, kann das Kind einmal ausprobieren, eine Katze zu sein, die am Mauseloch wartet. Vielleicht kommen andere Tiere vorbei und wollen die Katze davon abbringen? Die Katze antwortet jedoch immer: „Zuerst will ich die Maus fangen!" Nach einer Weile zieht ein anderes Kind eine kleine Stoffmaus an „der Katze" vorbei, und nun ist es soweit: Die Maus wird gefangen.

*Ein Krafttier für den Übergang in die Schule*

*In der Kita Sonnenschein ist heute für die kommenden Schulanfänger richtig was los. Seit Wochen haben sich die Kinder mit verschiedenen Tieren aus aller Welt beschäftigt. Sie haben sich Bücher und eine Tierdokumentation angeschaut, waren im Zoo und konnten so die besonderen Eigenschaften unterschiedlicher Tiere kennenlernen. Das alles war die Vorbereitung auf diesen Tag. Die Eltern haben am Mittag zuvor Bilderrahmen mit den Kindern gebaut und mit Leinwand bezogen. Das Besondere daran: Die Bilderrahmen sind so hoch wie das Kind groß und so breit wie seine Armspanne. Nun soll ein Bild entstehen, das so groß wie das Kind selbst ist. Eine echte Herausforderung.*

*Die Kinder liegen oder sitzen mit einer Erzieherin auf dem Boden und hören eine kleine Meditationsgeschichte. Zuerst spüren sie ihren Körper und wie er den Boden berührt, achten auf ihren Atem und versuchen, sich dabei zu entspannen. Dann stellen sie sich eine wunderschöne Wiese vor, an die sich ein Wald anschließt. Von dort kommen Geräusche. Das Kind richtet seinen inneren Blick auf den Platz vor dem Wald, von dem aus es die Geräusche wahrnimmt. Da tritt ein Tier aus dem Wald und kommt auf das Kind zu. Das Kind betrachtet dieses Tier genau und prägt sich ein, wie es aussieht. Danach zappelt es ein wenig mit Beinen und Armen, macht die Augen auf und sieht sich im Raum um.*

*Wenn die Kinder alle wieder im Kreis sitzen, erzählen sie sich, welches Tier ihnen in der Meditation begegnet ist. Die Aufgabe lautet dann, dieses Tier auf die Leinwand zu malen. Dazu braucht es große und kleine Malpinsel sowie Pappbecher, in die die Plakatfarbe gefüllt werden kann. Zum Malen haben sie so viel Zeit, wie sie brauchen. Die Erzieherin begleitet das Tun und hilft den Kindern, wenn sie gefragt und gebraucht wird. Sind alle fertig, werden die Bilder gemeinsam betrachtet, und die Kinder interpretieren ihre Bilder: Was können die Tiere, was möchte das Kind auch können? Was macht das Tier gerade? Schaut die Maus neugierig aus ihrem Loch? Bewacht der Hund die Blume? Bedeutet das etwas? Das so entstandene Tier ist das Krafttier des Kindes und soll es mit seinen Eigenschaften beim Übergang in die Schule unterstützen (vgl. Elschenbroich & Schweizer 2008).*

### Teil des Portfolios als „Sonnentagebuch"

Mit der Gruppe oder dem Kind kann zusammengetragen werden: Was ist mir heute oder gestern gelungen? Was hat Freude gemacht? Weiterführende Fragen können lauten: Wie hat sich die Situation angefühlt? Wo habe ich dabei im Körper etwas gespürt (Kopf, Bauch, Hände)? Hat sich das Gefühl auch in einer Bewegung ausgedrückt? Bin ich vor Freude gerannt, gesprungen oder war ich eher still?

Zu diesen Geschichten kann auch etwas gemalt werden. Entweder hat das Kind selbst eine Idee dazu oder sucht sich aus den Vorschlägen der pädagogischen Fachkraft etwas aus, das ihm gefällt: Eine Blüte, eine Wolke, ein blühender Baum, das Foto eines Gegenstandes etc.

können dann im Portfolio zur Illustration der Geschichte dienen. Ist das Kind einmal traurig, kann das Angebot gemacht werden, sich das „Sonnentagebuch" zusammen anzuschauen.

## Mit Bewegung stärken

Bewegung ist auf vielfältige Weise förderlich. Auf der körperlichen Ebene stärkt Bewegung den gesamten Organismus. Das Kind erlebt sich in Bewegung als besonders selbstwirksam (ein Ziel erreichen, einen Baum erklettern, etwas von A nach B bewegen). Aber auch für die Selbststeuerung ist Bewegung zum Beispiel beim Abbau von Körperverspannungen von großer Bedeutung. Kinder spüren auch, ob die pädagogische Fachkraft selbst Freude an Bewegung hat oder nicht.

Raum für Bewegung kann es in der gesamten Kindertageseinrichtung geben, nicht nur im Turnraum oder in der Bewegungsbaustelle. Vor allem freie Bewegungssituationen sind hier wichtig, die durch angeleitete Bewegung ergänzt werden können.

## Bildungs- und Erziehungspartnerschaft zur Förderung von Resilienz nutzen

Zur Stärkung der Kinder trägt immer auch eine gelungene Kooperation zwischen Eltern und pädagogischen Fachkräften bei (siehe dazu Kapitel 6). Zu den Zielen der Bildungs- und Erziehungspartnerschaft gehören:

- Bedürfnisse und Lebenslagen der Kinder und ihrer Familien erfassen und darauf angemessen reagieren
- Akzeptanz der Kultur und der Werte der Familien
- Eltern in den Kontext der Kindertageseinrichtung mit einbeziehen
- Um die Mitarbeit der Eltern in der Einrichtung aktiv werben

Alles, was die Kompetenzen und Ressourcen von Eltern mit Fluchterfahrungen stärkt, wirkt sich wiederum auch positiv auf die Kinder aus. Wenn Risikofaktoren, wie Desorientierung, Ängste und Isolation, gemindert und Kompetenzen der Eltern zur Bewältigung der aktuellen Situation gestärkt werden können, dient das letztlich auch der Stärkung der Kinder. Dazu kann es förderlich sein:

- Kontakte zu anderen Eltern zu vermitteln
- Mitarbeit der Eltern in der Kita anzuregen (z. B. begleitet Lamins Mutter die Kinder regelmäßig im Nähzimmer)
- Beteiligung an Veranstaltungen und Festen in der Kita zu unterstützen (Eltern werden mit ihren Kompetenzen eingebunden, z. B. Kochen vor Ort, Lieder und Tänze vorstellen und beibringen)

# 4 Schlüsselkompetenz Sprache

In Kindertageseinrichtungen steht seit einigen Jahren die sprachliche Bildung verstärkt im Fokus; auch im Rahmen der PISA-Studien ist deutlich geworden, dass ein gutes Sprachverständnis in hohem Maß den Bildungsprozess eines Kindes bestimmt. Nachdem anfänglich vor allem die deutsche Sprache vermehrt gefördert wurde, erfahren nun auch die verschiedenen Muttersprachen der Kinder wachsende Wertschätzung. Auch bilinguale Kitas sind angesagter denn je und wecken das große Interesse vieler Eltern.

Weltweit stellt Mehrsprachigkeit die Regel und nicht die Ausnahme dar. In Deutschland wächst heute jedes dritte Kind unter fünf Jahren mit einem Migrationshintergrund auf (vgl. WIFF 2011, S. 8).

Kinder mit Fluchterfahrungen kommen in aller Regel ohne oder mit sehr geringen Deutschkenntnissen in die Kita, was für die Kinder und ihre Eltern eine besondere Herausforderung zusätzlich zur Eingewöhnung darstellt. Auch für die pädagogischen Fachkräfte bedeutet das keine ganz einfache Situation, fühlen sie doch manchmal hilflos in der Kommunikation – sowohl mit den Kindern als auch den Eltern.

Die eigene Muttersprache bedeutet Heimat und ist ein wesentliches Merkmal im Rahmen der Identitätsentwicklung. Deshalb ist es für Familien mit Fluchterfahrungen sehr wichtig, dass ihre Herkunftssprachen von den pädagogischen Fachkräften wertgeschätzt werden.

## Kommunikation ist mehr als das gesprochene Wort

„Das Kind hat hundert Sprachen, in denen es sich ausdrücken kann, es verleiht auf kreative Weise seinem Eindruck über die Welt einen Ausdruck, sei es durch Worte oder durch Werke, die es gestaltet" (Loris Malaguzzi). Dieser von vielen Pädagogen und Pädagoginnen oft zitierte Satz aus der Reggio-Pädagogik macht deutlich, dass Kinder (und auch Erwachsene) nicht allein vom gesprochenen Wort abhängig sind, sondern ihnen eine Vielzahl an Kommunikationsmöglichkeiten zur Verfügung steht.

Nicht nur das gesprochene Wort dient zur Übermittlung von Informationen und Gefühlen, sondern auch die Mimik und Gestik, die Sprachmelodie ... Reduzieren wir Kommunikation auf das reine Wort, nehmen wir ihr die Bewegung und die Dynamik. Versuchen Sie einmal, jemandem Ihre Begeisterung allein durch Worte zu vermitteln – ganz monoton, ohne die Stimmlage zu verändern und die Erzählung mimisch oder mit Gesten zu unterstützen. Die

Zuhörer werden die Begeisterung vielleicht über ausdruckstarke Wörter erkennen, sie aber nicht mit Ihnen teilen können, weil sich die Emotionen nicht „mitfühlen" lassen.

Das Sprachvergnügen und die Denkfreude ertstehen durch Lebendigkeit, durch die Resonanz vom Gegenüber auf die eigene Mitteilung. So ist ein Kind mit keinen oder auch nur wenigen Deutschkenntnissen darauf angewiesen, dass seine Bezugserzieherin oder sein Bezugserzieher in den ersten Begegnungen herausfindet, wo die kommunikativen Fähigkeiten des Kindes liegen. Kann es im Zeichnen und Malen die eigenen Bedürfnisse und Befindlichkeiten ausdrücken? Geht das besser durch Geräusche oder Lautmalerei? Ist die Pantomime, die Gestik das geeignete Mittel?

*„Wie viele Brötchen hast du gegessen?"*

*Rahira (3,5 Jahre) spricht noch kein Deutsch und versteht auch wenig. Sie sitzt am Montagmorgen mit Paul, dem Praktikanten, im Baubereich der Kita Sonnenschein auf dem Boden und hat einen großen Block und Stifte vor sich liegen. Paul hat sie gefragt, was sie am Wochenende gemacht hat und aufgefordert, die Erlebnisse zu malen. Rahira malt zuerst eine Eistüte auf das Papier. Paul freut sich, dass er den Gegenstand gleich erkannt hat und leckt an einem imaginären Eis. Er wiederholt den Satz: „Ich habe am Wochenende Eis gegessen." Dann deutet er auf die Zeichnung und zeigt mit den Fingern an: eins, zwei, drei? Rahira lacht und schüttelt den Kopf, sie hebt einen Finger in die Höhe.*

*Nun nimmt Paul den Stift und malt einen Strich vor das Eis. Dann sagt er: „Ich (zeigt auf sich) habe am Wochenende ein (hebt einen Finger) Eis gegessen (leckt am imaginären Eis). Rahira (zeigt auf das Mädchen) hat am Wochenende ein (hebt einen Finger) Eis gegessen (leckt am imaginären Eis)."*

*Dann zuckt Paul mit den Schultern und zeigt auf das Papier. Rahira überlegt kurz und fängt an zu malen. Paul sieht einen Becher und einen kleinen Kreis, was vermutlich ein Brötchen sein könnte. Paul tippt auf den Becher und macht eine Geste für trinken, dabei fragt er: „Hast du etwas getrunken?" Rahira nickt. Nun zeigt Paul pantomimisch, wie er ein Brötchen verspeist, und fragt Rahira: „Wie viele Brötchen hast du gegessen?" Dabei deutet er wieder mit den Fingern an: eins, zwei, drei. Rahira antwortet: „Zwei." Paul nimmt den Stift und malt zwei Striche zu dem Brötchen.*

*Paul möchte noch wissen, wer alles mitgegessen hat, und erfährt auch, dass Rahira Fernsehen geschaut und Ball gespielt hat. Zum Schluss fotografiert Paul die gemalte Geschichte und schreibt, was er vorher mit Rahira formuliert hat, auf eine neue Seite für ihr Portfolio. Später, in der Stammgruppenzeit, wenn einige Kinder von ihrem Wochenende erzählen, wird Paul über die Erlebnisse von Rahira berichten, und anschließend heftet Rahira das Blatt in ihr Portfolio.*

Diese Form der Kommunikation wird für Paul und Rahira in der nächsten Zeit die gemeinsame Sprache sein. Die Herausforderung für den Erwachsenen besteht darin, sich auf die Kommunikation des Kindes einzulassen, sich seiner Sprache zu nähern, sie zu verstehen und zu erlernen. Unser Praxisbeispiel zeigt aber auch, dass dabei vielfältige Bildungsprozesse entstehen, das Kind ein echtes Sprachbad erfährt und nicht zuletzt die Beziehung gestärkt wird, weil Paul immer wieder signalisiert: Ich will es ganz genau wissen!

Untersuchungen bestätigen, dass pädagogische Fachkräfte ihre Bitten und Aufforderungen häufig über einen Appell, der an alle Kinder gerichtet ist, äußern. „Bitte räumt mal auf!", rufen sie dann in die Gruppe. Diese Worte erreichen aber ausschließlich die Kinder, die die Sprache bereits verstehen. Wenn es der pädagogischen Fachkraft gelingt, die Kinder persönlich oder in kleinen Gruppen anzusprechen und für diejenigen, die noch kaum Deutsch verstehen, den Inhalt mit Gebärden zusätzlich zu verdeutlichen, fühlen sich die Kinder in ihrer kommunikativen Ausdrucksweise wahrgenommen und damit wertgeschätzt. Die Verständigung, die damit möglich wird, beinhaltet die Einladung an das Kind, es auch mit Wörtern in der deutschen Sprache zu versuchen – ohne Druck und dann, wenn die Zeit für das Kind dafür gekommen ist.

Wenn pädagogische Fachkräfte mehr über die Qualität ihrer Kommunikation mit den Kindern erfahren möchten, empfiehlt es sich, einmal über mehrere Tage eine Strichliste zu führen und so aufzuspüren, wann und in welchem Zusammenhang sie mit einem Kind sprachlichen Kontakt haben. Unterscheidungskategorien können hier sein:

- Kurzer Informationsaustausch
- Organisatorische Mitteilungen
- Gesprächskontakte, in denen die Kinder etwas erzählen und sich eine längere Unterhaltung entwickelt
- Kontakt wegen Regelverstößen
- → Mithilfe der Ergebnisse kann anschließend bewusst die Qualität der Sprechkontakte verbessert werden.

Zu Beginn der Eingewöhnung, vielleicht auch im ganzen ersten halben Jahr kann es sein, dass ein Kind keine freien Ressourcen für die neue Sprache hat. Es ist von anderen Lernthemen so in Beschlag genommen – vom Ausprobieren der vielen Materialien in der Kita, vielleicht auch von dem neuen Essensangebot im Bistro oder dem Wasserhahn –, dass es keine zusätzliche Energie mehr frei hat. Die Sprache kommt, wenn das Kind mitbestimmen will, wenn es teilhaben möchte am (sprachlichen) Geschehen, wenn es das Interesse des Gegenübers an sich und seinen Geschichten spürt und diese selbst mitteilen will.

Kommunikation ist niemals einseitig. Kommunikation befördert die Gemeinschaft, ist fruchtbar für Beziehungen, vermittelt Gefühle, Stimmungen, Dringlichkeiten und lässt das Kind sich auf ganz unterschiedlichen Ebenen mit den anderen verbunden fühlen.

Für pädagogische Fachkräfte, die sich auf einen reflektierten, feinfühligen und achtsamen Umgang eingelassen haben, ist es ganz selbstverständlich, die individuellen Lernprozesse der Kinder zu begleiten. Der Zweit- oder Drittspracherwerb ist hier ein Lernprozess unter vielen. Es gilt, im Alltag Situationen zu nutzen, die sich für die gemeinsame Kommunikation und deshalb auch für die Sprachförderung eignen. Gerade Kinderkonferenzen oder Morgenkreise sind dafür prädestiniert.

### Jeden Tag ein neues Wort in einer anderen Sprache

*In der Kita Sonnenschein wird im Morgenkreis jeweils ein neues Wort in einer anderen Sprache vorgestellt. Nacheinander kommen alle Kinder an die Reihe. Heute ist Ismael (5,2 Jahre) dran und möchte, dass die anderen Kinder sein arabisches Lieblingswort Musik erraten. „mūsīqā", sagt er. „Das mache ich gerne." Dann stellt es sich aufrecht hin und dirigiert ein imaginäres Orchester. Das Wort zu erraten, ist für die anderen Kinder leicht, aber es auszusprechen und sich in der genauen Betonung zu merken ist schon schwieriger.*

Vermutlich wird Ismael heute das Kind mit den meisten Kontakten sein, weil alle nochmals wissen wollen: Wie heißt gleich wieder „Musik" auf Arabisch? Bei dieser kleinen, täglichen Übung wird für ein Kind erlebbar, wie seine Kompetenz in seiner Muttersprache wertgeschätzt wird, und es erlebt anderer Kinder, die auch schwierige Wörter kennen. Sprachliche Vielfalt wird dadurch sichtbar – und dass die eigene Muttersprache in der Kita bedeutsam für alle ist.

### Amir ist vom Bistro der Kita fasziniert

*Amir (3,8 Jahre) besucht seit sechs Wochen die Kita Sonnenschein. Er stammt aus einer syrisch-jüdischen Familie. Der Vater ist vor drei Jahren gestorben. Seine Mutter ist mit ihrem Bruder, Amirs Onkel, geflüchtet. Das Leben der Familie war aufgrund ihrer Religionszugehörigkeit bedroht. Die Erwachsenen hatten in Damaskus kaum Chancen auf Arbeit, und Amir hatte oft hungern müssen.*

*Sein Kinderpate Djamal (5,6 Jahre) hat Amir die Eingewöhnung besonders damit erleichtert, dass er arabisch spricht und ihm alles erklären konnte. Da Amir es gewohnt ist, mit anderen Kindern unterwegs zu sein, und Djamal und er sich von Anfang an sehr mögen, konnte die Mutter nach drei Wochen Eingewöhnungszeit bereits für zweieinhalb Stunden die Kita verlassen.*

*Nachdem sich Amir getraut hat, das Rollenspielzimmer, das seine Bezugserzieherin begleitet, zu verlassen, findet er schnell einen Funktionsraum, der ihn gänzlich in Anspruch nimmt: das Bistro. Hier beobachtet er die Kinder, steht vor dem Essen, fasst es immer wieder an, riecht daran, untersucht, isst und zerkrümelt. Anfänglich hatte Amir sich immer wieder bei Djamal versichert, ob es morgen wieder so viel zu essen gibt und ob er sich alles nehmen kann, was er möchte.*

Djamal und die pädagogischen Fachkräfte haben anfänglich die Lebensmittel, für die sich Amir interessierte, benannt; allen wurde aber schnell klar, dass er dem gerade wenig Aufmerksamkeit schenken kann. Erst kommt das sinnliche Erleben, das Satt-sein, dann kommen die sprachlichen Fähigkeiten.

Auch einige Wochen später ist Amir noch häufig im Bistro anzutreffen, inzwischen aber spielt er mit Djamal auch viel im Bauraum und kann bereits eine Menge Lebensmittel benennen. Sprachlich gesehen, ist der Bereich Essen und Trinken bei Amir im Moment am weitesten entwickelt.

## Der Zweit- und Drittspracherwerb

Wer eine neue Sprache lernt, muss unter anderem auch lernen:
- Welche Bedeutung, welches Konzept hat ein Wort?
- Wie wird ein Wort ausgesprochen?
- Wie wird das Wort grammatisch verwendet?
- Wie kann das Wort morphologisch verändert werden (ge-weint, ver-flogen ...)?
- Wie wird und darf das Wort verwendet werden (ein Tölpel, du Tölpel ...)?

Alle, die einen Dialekt oder eine Zweitsprache beherrschen, wissen, dass Sprache vor allem im Gebrauch erlernt wird. Sprache ist erfahrungsabhängig und damit auch kulturabhängig. Während wir zum Beispiel im Deutschen sagen „Das Leben ist kein Wunschkonzert", heißt es im Englischen, dass das Leben kein Picknick ist.

PRAXIS

### Weißes Schaf – schwarzes Schaf?

*In einer Klasse, in der Erwachsene im Zweitberuf zu Erziehern und Erzieherinnen ausgebildet werden, bereiten die Teilnehmenden abwechselnd den Morgenkreis vor. Irina erzählt bei ihrer Präsentation vom weißen Schaf, und es dauert eine ganze Weile, bis alle merken, dass sie eigentlich das sogenannte „Schwarze Schaf" im Deutschen meint.*

*Aber auch als allen klar ist, dass in Russland das weiße Schaf die Bedeutung des schwarzen Schafs hat, wird Irina noch ständig von ihren Mitschülern verbessert: „Es heißt schwarzes Schaf ..."*

Es war interessant, in der anschließenden Diskussion zu erleben, wie festgefahren wir oft in unseren Bildern und Vorstellungen sind. Allen ist darüber hinaus deutlich geworden, wie anstrengend es ist, sich in einer anderen Sprach-, Kultur- und Bilderwelt zurechtzufinden.

Kinder bewegen sich nicht nur in diesen unterschiedlichen Sprach-, Kultur- und Bilderwelten, sie befinden sich in ganz realen, unterschiedlichen sozialen Räumen und erleben damit unterschiedliche Erfahrungswelten, in denen auch unterschiedliche Wortschätze gebraucht werden. Die Wortschätze in beiden Lebenswelter und so auch in beiden Sprachen sind nicht identisch, weil im familiären Umfeld andere Wörter gebraucht werden als in der Kita. So verwundert es nicht: Je breiter und differenzierter das „Sprachbad" in der Kita ist, umso größer wird der Sprachschatz der Kinder im wahrsten Sinne des Wortes.

### Die Sprache richtet sich nach dem Gegenüber

*Tara (1,4 Jahre) besucht die Krippe der Kita Sonnenschein. Ihre Mutter ist eine Pakistani und spricht mit ihr ausschließlich Urdu (einer Dialektform von Hindi), ihr Vater spricht deutsch. Die Eltern verstehen beide Sprachen, sodass jeder zu Hause bei der eigenen Sprache bleiben kann.*

*Als Tara in die Krippe kommt, spricht sie noch kaum. Auffällig ist jedoch von Anfang an, dass das Mädchen die wenigen Worte, die es spricht, immer der Sprache des Gegenübers anpasst. Lediglich in emotional aufgeladenen Situationen oder wenn Tara alleine spielt, hören die pädagogischen Fachkräfte sie Urdu sprechen.*

Das Alter, in dem Kinder eine weitere Sprache erlernen, hat grundlegenden Einfluss darauf, wie der Lernprozess insgesamt vonstattengeht. Kinder, die vor dem zweiten Lebensjahr die zweite Sprache lernen, haben zwei Muttersprachen. Es handelt sich hier um einen **simultanen bilingualen Spracherwerb**, also um einen doppelten Erstspracherwerb. Der Erwerb von zwei Sprachen unterscheidet sich dann kaum vom Erlernen einer Muttersprache. Manche Kinder, die simultan bilingual aufwachsen, beginnen etwas später mit dem Sprechen, erreichen letztlich aber schnell dieselben Sprachfähigkeiten wie Kinder, die mit einer Muttersprache aufwachsen. Auch die Aneignung von grammatikalischen Regeln verläuft in der Regel gleich wie bei Kindern, die mit einer Sprache aufwachsen. Insgesamt kann der doppelte Spracherwerb zu einem großen Sprachverständnis führen, weil die Kinder zum Beispiel früh verstehen, dass es für dieselben Bedeutungen unterschiedliche Wörter gibt. Auffällig ist, dass Kinder, die mit zwei Sprachen aufwachsen, häufig einen kleineren Wortschatz in beiden Sprachen haben als Kinder, die mit einer Sprache aufwachsen. Dies liegt vermutlich daran, dass der Sprachinput für die einzelnen Sprachen geringer ist (z. B. zu Hause mit der Mutter Urdu, in der Kita deutsch).

### Das Sprachbad wird erweitert

*Lucan (3,1 Jahre) ist mit seiner alleinerziehenden Mutter vor einigen Monaten nach Deutschland gekommen. Seine Mutter redet albanisch mit ihm. Lucan spricht ein gutes und altersadäquates Albanisch und kein Deutsch. Eine Erzieherin in der Kita Sonnenschein kann ein wenig Albanisch, und so ist es für Lucan einfach, bestimmte Wörter in ihrer Bedeutung erklärt zu bekommen. Grundsätzlich aber wird mit ihm in der Kita deutsch gesprochen, was Lucan auch akzeptiert.*

*Seine deutschen Sprachkenntnisse entwickeln sich in den ersten Wochen eher schleppend. Als seine Mutter einen deutschen Freund hat, nehmen Lucans Sprachkompetenzen in kurzer Zeit deutlich zu. Der neue Partner der Mutter scheint für Lucan eine wichtige Bezugsperson zu sein, die sich viel mit ihm beschäftigt und damit das „Sprachbad" im häuslichen Bereich erweitert.*

Der Erwerb einer zweiten Sprache ab dem zweiten bis zum vierten Lebensjahr wird **sukzessiver bilingualer Zweitspracherwerb** genannt. Er ist dem doppelten Erstspracherwerb sehr ähnlich, jedoch ist die zuerst erlernte Sprache einige Zeit immer ein wenig weiterentwickelter als die Zweitsprache. Dieser Vorsprung nimmt im Laufe der Jahre ab, und es ist den Kindern am Ende ihrer Grundschulzeit nicht mehr anzuhören, welches die erste erlernte Sprache war.

### *Murrhads Sprachkompetenz wächst*

*Murrhad (5,2 Jahre) kam vor gut einem Jahr in die Kita Sonnenschein und hatte damals noch keinerlei Spracherfahrung mit dem Deutschen. Bis heute haben sich seine Kompetenzen in der deutschen Sprache jedoch wesentlich weiterentwickelt. Seine grammatikalische Satzgestaltung orientiert sich jedoch noch stark an der arabischen Sprache. Damit wirkt seine Sprachkompetenz deutlich geringer, als sein Sprachverständnis in Wirklichkeit ist. Die pädagogischen Fachkräfte achten im Gespräch darauf, seine Sätze aktiv in korrekter Weise zu wiederholen oder sie zu modulieren, damit Murrhad die richtige Form der Sätze einmal hört, ohne sich kritisiert zu fühlen.*

Murrhad erlernt die deutsche Sprache erst nach dem vierten Lebensjahr. Hier spricht man vom **kindlichen Zweitspracherwerb**. Hirnphysiologisch bedeutet dies vereinfacht ausgedrückt, dass ein zweiter Bereich für die neue Sprache angelegt wird. Es gibt also zum Beispiel einen arabischen Sprachbereich (ein arabisches neuronales Sprachnetzwerk) und einen für das Deutsche. Da das Kind viel über Sprachstruktur und deren Bedeutung weiß, lernt es die Zweitsprache schneller als die erste Sprache. Es ist in der Lage, auch bestimmte grammatikalische Regeln kognitiv zu verstehen. Unterschiede können dem Kind erklärt werden, und es kann aufgrund gelernter Regeln sprachliche Besonderheiten anwenden.

Wenn Kinder erst mit drei oder vier Jahren Deutsch als Zweitsprache lernen, hinkt die Sprachkompetenz im Deutschen entsprechend hinterher. Das ist gänzlich normal und muss bei den Verfahren zur Sprachstandserhebung entsprechend berücksichtigt werden. Hinzu kommen noch die psychischen Belastungen, denen Kinder mit Fluchterfahrungen häufig ausgesetzt sind, die möglicherweise zu einer weiteren Verzögerung des Spracherlernens führen, ohne dass von einer Sprachentwicklungsverzögerung gesprochen werden kann. Wie bei allen Entwicklungsbeobachtungen gilt auch hier: Ist ein Entwicklungsbereich auffällig, sollte er häufiger überprüft werden (alle 3 Monate bei Krippenkindern, alle 6 Monate bei Kindergartenkindern); solange es aber eine Weiterentwicklung und keinen Stillstand gibt, ist alles im grünen Bereich.

### Mögliche Schwierigkeiten beim Zweitspracherwerb

Grundsätzlich werden Sprachentwicklungsstörungen und Sprachstörungen bei Kindern mit Zweitspracherwerb nicht häufiger diagnostiziert als bei Kindern mit einer Muttersprache. Eine Sprachentwicklungsstörung oder eine Sprachstörung ist ausschließlich in der Muttersprache festzustellen. Allerdings können die beiden folgenden Faktoren den Zweitspracherwerb erschweren. Die Gründe dafür liegen jedoch in den äußeren Rahmenbedingungen und nicht in der Kompetenz des Kindes.

#### Das quantitative Inputdefizit

PRAXIS

#### Zu kurzes Sprachbad in der Krippe

*Salem (2,1 Jahre) besucht seit fünf Monaten die Krippe der Kita Sonnenschein. Die Familie ist vor den Bürgerkriegen in Somalia geflüchtet. Die Eltern wirken sehr schüchtern und leben zurückgezogen. Sie haben bis jetzt kaum Kontakte knüpfen können, weder zu anderen Kita-Eltern, noch in ihrer Unterkunft. Das führt dazu, dass die Familie sehr für sich lebt und Salem unregelmäßig und häufig über längere Zeit nicht in die Krippe kommt. Ist sie einmal da, wird sie oft nach drei Stunden von ihren Eltern bereits wieder abgeholt.*

Salem hat aufgrund der äußeren Umstände wenig Gelegenheit, Erfahrungen mit der deutschen Sprache zu machen. Das Sprachbad ist, rein zeitlich gesehen, nicht ausreichend.

#### Das qualitative Inputdefizit

PRAXIS

#### 60 Kinder – 14 verschiedene Nationen

*Ismael (3,9 Jahre) besucht eine Kita in einem sogenannten sozialen Brennpunkt. Von den 60 Kindern der Kita sprechen 45 kaum oder nur sehr wenig deutsch. Die Kinder kommen aus 14 verschiedenen Nationen, sodass nur einige wenige sich in ihrer Muttersprache miteinander unterhalten können.*

In unserem Praxisbeispiel ist die erlebte Sprache in ihrer Qualität für das Erlernen der deutschen Sprache für die Kinder nicht hilfreich. Dies verstärkt sich noch, wenn Kinder eine Kita besuchen, in der auch viele der pädagogischen Fachkräfte selbst Deutsch als Zweitsprache sprechen (es sei denn, sie sprechen ein wirklich gutes Deutsch). Dann haben die Kinder zu wenige sprachliche Vorbilder für korrekte Grammatik, Sprachmelodie und Aussprache. Damit verzögert sich das Erlernen des Deutschen, und das Kind ist auf Dauer weniger motiviert, deutsch zu sprechen, weil ihm die Erfolge fehlen.

### Das Phänomen des Code-Switching

Eines der auffälligsten Phänomene im Sprachgebrauch mehrsprachiger Kinder ist der Wechsel zwischen den einzelnen Sprachen – das sogenannte Code-Switching. Wann und in welchem Ausmaß die Wechsel vollzogen werden, ist abhängig von äußeren Faktoren; diese Wechsel können keinesfalls als grundsätzliches Sprachdefizit gewertet werden. Code-Switching verwenden Kinder, wenn ihnen bestimmte Wörter fehlen; vor allem aber erfüllt es die Funktion, bestimmte Worte zu betonen oder Gesprächsinhalte hervorzuheben.

PRAXIS

**„... das ist sehr importante für Geburtstag in Italia"**

*Emilia (5,0 Jahre), die zu Hause nur italienisch spricht, hält sich in den letzten Tagen häufig im Kreativbereich der Kita auf, der zurzeit von der Praktikantin Emilie betreut wird. Das Mädchen ist sehr aufgeregt, weil ihre große Schwester Geburtstag hat und die Familie ein riesiges Fest feiert. Viele der Gäste sind dazu aus Italien angereist, und Emilia hat täglich neue Erlebnisse zu erzählen. Den pädagogischen Fachkräften fällt auf, dass Emilia nun häufiger auf italienische Wörter zurückgreift. So berichtet sie, wie sie gestern mit der Oma einen Kuchen gebacken hat. Es hat ihr sichtlich Spaß gemacht: „Wir haben gemacht aus Marzipan das anno di vita, das ist sehr importante für Geburtstag in Italia."*

Emilia greift hier auf Italienischen Wörter zurück, weil sie den Eindruck hat, es sei vor allem in Italien von „großer Wichtigkeit", den Kuchen mit den „Lebensjahren" des Geburtstagskindes zu verzieren. Zudem hat sie in diesen Tagen einen enormen italienischen Sprachinput, und das Italienische ist für sie dadurch präsenter.

Normalerweise benutzen Kinder das Code-Switching nur, wenn ihre Gesprächspartner kompetente Sprecher der jeweils anderen Sprache sind. Mit deutsch Sprechenden reden bereits Kinder ab dem zweiten Lebensjahr konsequent deutsch. Sollten sie unbewusst anderssprachliche Wörter einfließen lassen, wird dies in der Regel von den Kindern selbst sofort korrigiert.

Code-Switching ist also Ausdruck einer kommunikativen Kompetenz! Das Phänomen ist auch zu beobachten, wenn Kinder bestimmte Fähigkeiten in der Zweitsprache noch nicht erworben haben oder ihnen einzelne Wörter fehlen und sie sich aus der Erstsprache Strukturen oder Wörter „ausleihen". Diese Phänomene sind vorübergehend und dauern in der Regel nicht lange.

## Anregungen für die praktische Arbeit

Kinder finden in ihrer Muttersprache emotionale Heimat. Deshalb ist es wichtig, dass sie auch in Krippe, Kita und Hort in ihrer Muttersprache kommunizieren können. Es ist selbstverständlich, dass Kinder sich miteinander in ihrer Muttersprache unterhalten und gemeinsam die unterschiedlichen Sprachen in der Kita wahrnehmen: Was hört sich ähnlich an? In welcher Sprache ist es ganz anders?

Gibt es eine pädagogische Fachkraft mit nicht-deutscher Muttersprache, kann sie ihre sprachlichen Kompetenzen immer im selben Zusammenhang – beim Essen oder im Morgenkreis – einbringen. Zu diesen Gelegenheiten spricht sie dann ausschließlich ihre Muttersprache, auch wenn die Kinder einmal nicht verstehen, was gemeint ist.

Es braucht gute Sprachlehrstrategien, wie zum Beispiel:
- Modulierende Sprache
- Offene Fragen
- Erweiterung und Umformung kindlicher Äußerungen
- Korrektives Feedback
- Handlungsbegleitendes Sprechen

Partizipation, Mitbestimmung und Teilhabe sind Sprachanlässe, die Kinder ungeheuer motivieren, Deutsch zu lernen. Wortschatzerweiterungen werden bewusst gestaltet und an den Themen der Kinder orientiert, zum Beispiel bei der Einführung neuer Materialien, wenn Kinder und Erwachsene von ihrem Urlaub berichten und dabei Fotos mit ganz besonderen Eindrücken zeigen ...

Dialogische Bilderbuchbetrachtungen sind hilfreicher als das reine Vorlesen von Geschichten. Es gibt durchaus auch Bilderbücher, zu denen sich immer wieder eine neue Geschichte erfinden lässt, ohne jemals den originären Text gelesen zu haben. Bilderbücher in der Muttersprache der Kinder zeigen die Wertschätzung der verschiedenen Sprachen in der Kita. Wenn die pädagogischen Fachkräfte die Sprache nicht beherrschen, können Eltern gebeten werden, hin und wieder daraus vorzulesen. Auch gibt es Bilderbücher, die zweisprachig gestaltet sind.

Sprachförderung für Kinder mit Deutsch als Zweitsprache sollte immer alltagsbezogen sein und im gemeinsamen Tun erfolgen. Das Sprachbad qualitativ und quantitativ hochwertig zu gestalten, bedeutet aber auch, die Kinder einmal etwas ohne sprachliche Begleitung machen zu lassen. Der Kopf braucht Pausen, um zu lernen.

**Reflexionsfragen im Team**

Um sich im Team über die eigenen sprachförderlichen Handlungsweisen klar zu werden, kann die folgende Checkliste hilfreich sein:

▶ Wo finden wir eine sprachanregende und sprachunterstützende Gestaltung und Atmosphäre in unserer Kita? Wo nicht?

▶ Welche Materialien und Medien fördern Sprachanlässe?

▶ Erleben die Kinder in der Kita eine Atmosphäre, in der sie ihre Emotionen ausdrücken können? Wodurch gewährleisten wir das?

▶ In welchen Bereichen finden die Kinder spezielle Literacy-Angebote vor? Decken diese den Bedarf?

▶ Welche Strukturen innerhalb unseres Tagesablaufes wirken sprachförderlich?

▶ Wie können sich die Kinder in der Kita orientieren (Pläne, Symbole, Schrift)?

▶ Wie begegnen wir den Kindern bei der Begrüßung?

▶ Wie erfährt ein Kind, dass uns seine Fragen und Erzählungen wichtig sind und wir uns dafür Zeit nehmen?

▶ Woran merken die Kinder, dass wir andere Sprachen und Dialekte wertschätzen?

▶ Wodurch unterstützen wir die Dialogfähigkeiten der Kinder?

▶ Wodurch unterstützen wir die Erzählfähigkeiten der Kinder?

▶ Spielen wir mit Sprache und regen wir die Kinder an, mit Sprache zu spielen?

▶ Wie unterstützen wir die Kinder darin, ihre Sinneseindrücke und Gefühle zu äußern?

▶ Wie sichern wir, dass die sprachunterstützenden und sprachanregenden Bildungsanreize für die Kinder regelmäßig reflektiert und weiterentwickelt werden?

*Das Modellieren der Sprache*

*„Du malst ein Bild für den Geburtstag deiner Schwester?"*

*Emma (5,8 Jahre) und Emilia (5,0 Jahre) sitzen an einem runden Tisch in der Kita Sonnenschein. Emma sagt: „Ich male eine Schatzkarte." Sie nimmt einen braunen Stift. Dann meint sie: „Den Schatz kann keiner finden, nur mit der geheimen Schatzkarte." Darauf erzählt Emma: „Mein Schwester hat Burtstag und mal ein Bild vor sie." Emilie, die Praktikantin, fragt nach: „Du malst ein Bild für den Geburtstag deiner Schwester?" „Ja", antwortet Emilia, „ein Bild für den Geburtstag." „Ich habe auch eine Schwester, die ist ein Jahr alt. Und jetzt male ich einen Fluss; wenn man die Zauberformel nennt, kommt ein Schiff, und damit kann man über den Fluss fahren", erwidert Emma. Sie nimmt einen grünen Stift, schaut Emilie an und sagt: „Jetzt male ich einen verwunschenen Wald, aber keine Angst, da gibt es keine Monster, nur Feen, und die helfen dir."*

*„Mal auch Fee für Schwester auf Bild", ergänzt Emilia. Emilie fragt: „Du malst eine gelbe Fee in dein Bild?" „Ja, eine gelbe Fee für meine Schwester. Tanti auguri per il tuo compleanno", sagt Emilia. Emilie antwortet: „Ja, sie wird sich freuen, wenn du ihr gratulierst!"*

Eine Unterstützung des Spracherwerbes stellt das **Modellieren der Sprache** dar – so, wie es die Praktikantin in unserem Praxisbeispiel getan hat. Dabei werden die kindlichen Äußerungen nicht verbessert, sondern ähnlich dem aktiven Zuhören im Rahmen eines Gespräches wiederholt und richtiggestellt oder bestätigt. Das Kind spürt dabei das Interesse der Erwachsenen an seinen Erzählungen und hört gleichzeitig die eigenen Sätze in der korrekten Form. Das Modellieren der Sprache beinhaltet drei unterschiedliche Strategien:

### 1. Sprachliche Angebote, die der kindlichen Äußerung vorausgehen

Sätze von Erwachsenen oder anderen Kindern werden modellhaft verwendet: „Als ich gestern einkaufen war, habe ich mir Brot, Butter und Käse gekauft. Was hast du gekauft, Soraja?" „Als ich gestern einkaufen war, hab Kaugummi gekauft."

Satzanfänge werden vorgegeben: „Ich packe meinen Koffer und nehme mit: einen Handschuh ..." „Ich packe meine Koffer und nehme mit: einen Handschuh, einen Teddy ..."

Fragen, die nicht mit Ja oder Nein beantwortet werden können: „Was war dein schönstes Ferienerlebnis, Achmed?" „Mein schönstes Ferienerlebnis war, meinen Onkel in Istanbul zu besuchen."

### 2. Die Aussagen des Kindes werden bestätigt oder erweitert

Im grammatischen Bereich: „Als ich gestern einkaufen war, hab Kaugummi kauft." „Als du gestern einkaufen warst, hast du dir einen Kaugummi gekauft."

Im Bereich der Wortbedeutung: „Ich mit Flugzeug nach Japan gegangen." „Du bist mit dem Flugzeug nach Japan geflogen."

Umformulierungen zur Wortschatzerweiterung: „Hab im Zoo Pferd mit weiße Streifen gekuckt." „Oh, du hast im Zoo die Zebras angeschaut."

Kommentierung – bestätigend oder nachfragend: „Ich verstehe, dein schönstes Ferienerlebnis war, als ihr deinen Onkels in Istanbul besucht habt; das hätte mir auch am besten gefallen." „Was hat dir bei deinem Besuch bei deinem Onkel in Istanbul so gut gefallen?"

### 3. Die Aussagen der pädagogischen Fachkraft regen an, die eigenen Äußerungen umzuformulieren oder aktiv zu zeigen, dass der Vorschlag verstanden worden ist

Angebote machen, wie etwas anders ausgedrückt werden könnte: „Im Zoo mein Schwester und Tochter von Tante waren auch dabei." „Ach so, im Zoo waren deine Schwester und deine Cousine, also die Tochter deiner Tante, dabei."

Aufträge und Absprachen, die nicht nur erzählt werden, sondern auf der Handlungsebene Konsequenzen haben: „Alles machen in Schüssel jetzt?" „Wir sollten zuerst die Butter mit dem Zucker in der Schüssel verrühren, bevor wir das Ei dazutun" (vgl. Gartinger & Jansen 2015, S. 316f.).

### Kinder gestalten ein kleines Sprach-Portfolio

Das Portfolio ist das Bildungsbuch des Kindes und wird fast gänzlich von ihm selbst oder in Kooperation mit ihm gestaltet. Das bedeutet, dem Kind stehen Seiten für das Portfolio zur Verfügung. Doch wann oder ob das Kind diese Seiten bearbeitet, entscheidet es allein. Deshalb sehen Portfolios immer ganz unterschiedlich aus. Lediglich die Bildungs- und Lerngeschichten schreibt zum Teil die pädagogische Fachkraft.

Kaum ein Medium ist so sprachanregend wie das Portfolio. Die emotionale Verbundenheit mit dem Buch und den einzelnen Einträgen regt die Kinder immer wieder an, von dem auf dem Blatt Festgehaltenen zu erzählen und darüber miteinander ins Gespräch zu kommen. Selbst Kinder, die noch nicht sprechen können, sieht man immer wieder mit dem Portfolio auf dem Boden liegen, mit dem Finger auf eine Seite zeigen und dazu Lautmalereien gestalten. Die Kinder lachen dabei oder machen manchmal Geräusche, die sich wie ein Seufzen anhören.

### Meine ersten Worte

In das Portfolio werden von Zeit zu Zeit Wörter eingetragen, die das Kind in der Krippe oder Kita zum ersten Mal oder erstmalig auf Deutsch sagt. Die Kinder sammeln selbst ihre Wörter und benennen, was die pädagogische Fachkraft schreiben soll. Dabei werden die Wörter gleich den passenden Rubriken zugeordnet: Spielsachen; Gefühle; Zahlen; Farben; Essen; Alltagsrituale (Guten Morgen, Guten Appetit); Namen; Gegenstände etc.

### Der Sprachbaum

Der Sprachbaum wächst mit den sprachlichen Kompetenzen des Kindes. Ganz am Anfang der Kita-Zeit steht vielleicht der dickste und längste Ast für die arabische Sprache. Dagegen findet sich für die deutsche Sprache nur ein kleiner Zweig, der aber immer größer und erweitert wird.

Der Sprachbaum akzeptiert die kleinste Kompetenz. Auch nonverbale Kommunikationsformen werden aufgenommen: Gebärdensprache, Gestik oder Pantomime, malerischer Ausdruck und was den Kindern bei der Gestaltung dieser Portfolio-Seite noch so einfällt.

## Mein Name

Dieses Blatt kann die pädagogische Fachkraft gemeinsam mit dem Kind ausfüllen, soweit es selbst die Fragen beantworten kann. Dann nimmt das Kind die Portfolio-Seite mit nach Hause und ergänzt den Rest zusammen mit seinen Eltern.

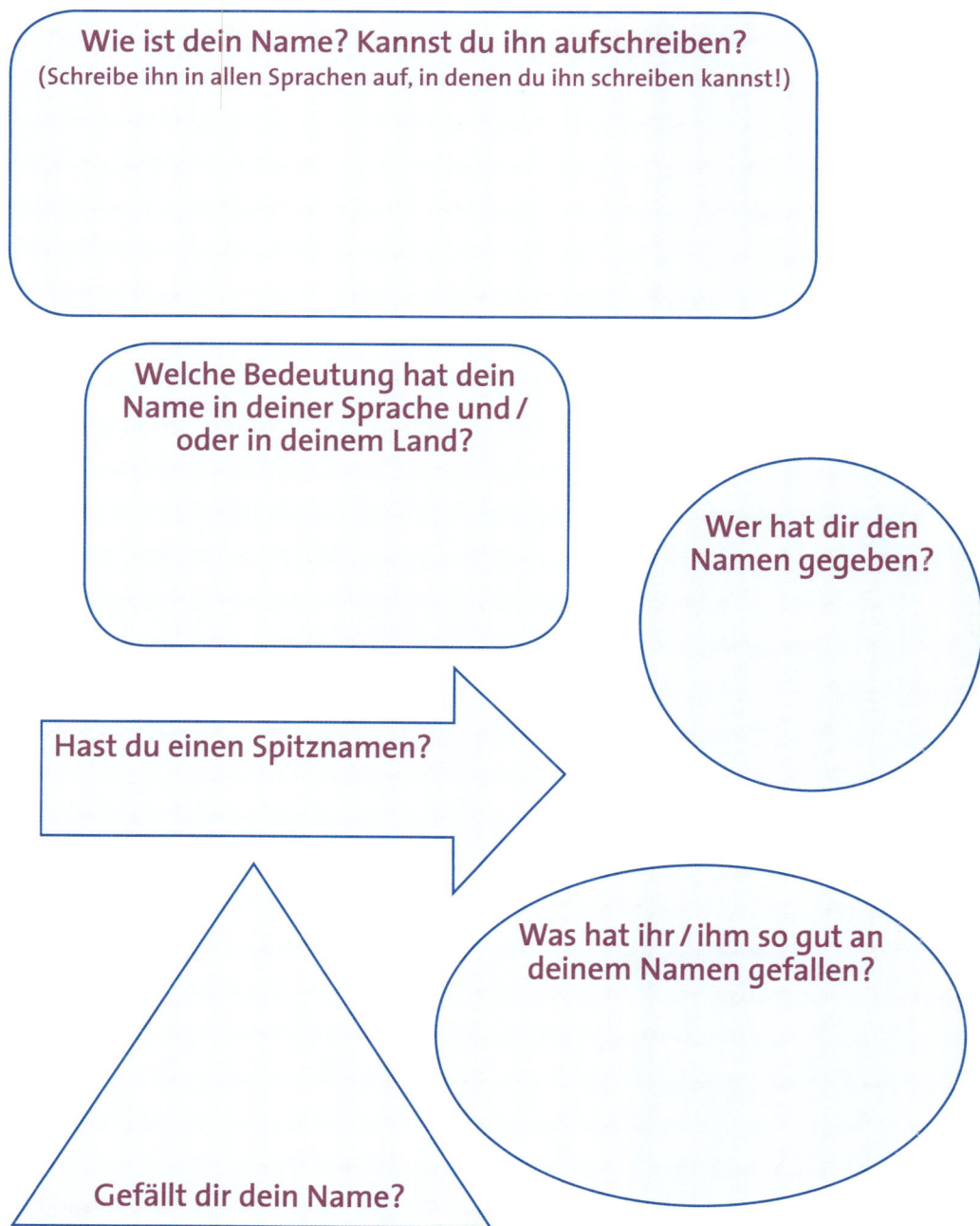

**Wie ist dein Name? Kannst du ihn aufschreiben?**
(Schreibe ihn in allen Sprachen auf, in denen du ihn schreiben kannst!)

**Welche Bedeutung hat dein Name in deiner Sprache und / oder in deinem Land?**

**Wer hat dir den Namen gegeben?**

**Hast du einen Spitznamen?**

**Was hat ihr / ihm so gut an deinem Namen gefallen?**

**Gefällt dir dein Name?**

## Sprachen, die ich brauche

Das Kind diktiert der pädagogischen Fachkraft d e Sprachen, die es jeweils in den konkreten Zusammenhängen spricht.

## Was ist ...?

Die Kinder assoziieren frei zu den Begriffen und philosophieren über deren Bedeutung. Die pädagogische Fachkraft notiert das Gesagte.

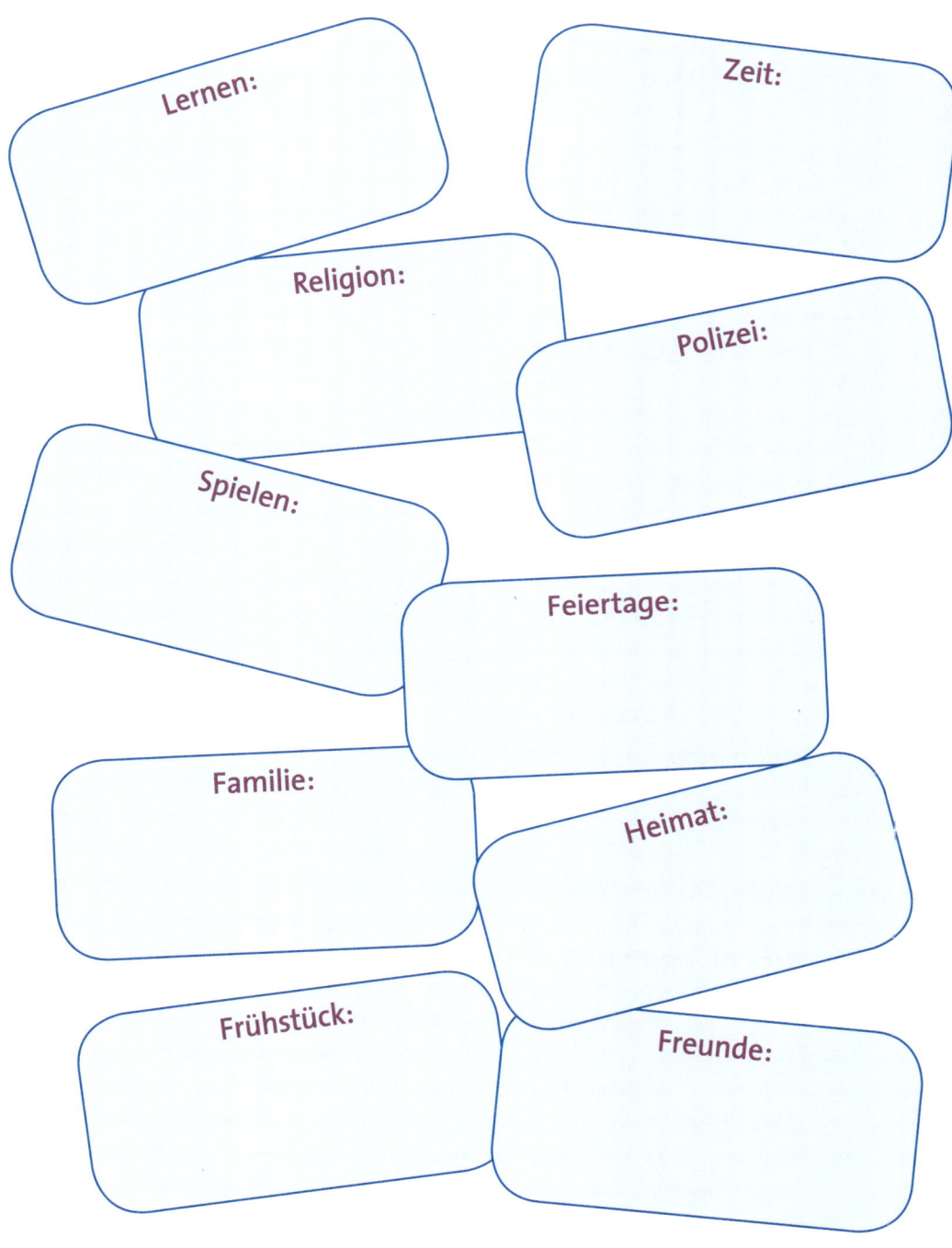

Lernen:

Zeit:

Religion:

Polizei:

Spielen:

Feiertage:

Familie:

Heimat:

Frühstück:

Freunde:

# 5 Kinder mit Fluchterfahrungen im Alltag von Krippe, Kita und Hort

Dieses Kapitel ist der praktischen Umsetzung gewidmet, die sich aus den Impulsen der vorhergehenden Kapitel für den Kita-Alltag ergibt. Dabei werden Schlüsselsituationen wie Tagesstruktur, Bildungsaktivitäten, Essen und Schlafen ebenso genauer betrachtet wie Möglichkeiten zu Partizipation und Selbstbestimmung.

## Der gesetzliche Auftrag

„Der Förderungsauftrag umfasst Erziehung, Bildung und Betreuung des Kindes und bezieht sich auf die soziale, emotionale, körperliche und geistige Entwicklung des Kindes. Er schließt die Vermittlung orientierender Werte und Regeln ein. Die Förderung soll sich am Alter und Entwicklungsstand, den sprachlichen und sonstigen Fähigkeiten, der Lebenssituation sowie den Interessen und Bedürfnissen des einzelnen Kindes orientieren und seine ethnische Herkunft berücksichtigen" (§ 22 Abs. 3 SGB VIII).

Um diesen Auftrag erfüllen zu können, ist es notwendig herauszufinden, ist es notwendig herauszufinden, welche Bedingungen hilfreich sind, um jedem Kind individuell gerecht zu werden. Hier wird deutlich: Es kann sich nicht um eine Gleichbehandlung aller handeln, weil dieselben Bedingungen nicht für jedes Kind hilfreich sind, sondern es gilt, die individuelle Begleitung und Förderung in den Blick zu nehmen.

### Der Unterschied zwischen Chancengleichheit und Chancengerechtigkeit

Das, was in gruppenraumbezogenen oder für alle Kinder verbindlichen Bildungsangeboten passiert, fällt unter Chancengleichheit. Alle Kinder bekommen die gleichen Bedingungen, dieselben Materialien und dieselben Angebote – unabhängig von ihren aktuellen individuellen Bedürfnissen.

In einem offenen Konzept, in dem die Kinder von ihrer Bezugserzieherin gut in den Blick genommen werden, entsteht Chancengerechtigkeit, weil hier jedes Kind aufgrund von Beobachtungen, seinen Bedürfnissen und seinen momentanen Lerninteressen entsprechend, individuell begleitet werden kann. So werden im Laufe der Zeit alle Kinder einmal bevorzugt, haben alle Kinder einmal das Gefühl, etwas ganz Besonderes zu sein, und jedes Kind folgt seinem inneren „Bauplan", um sich die Welt anzueignen.

## Beobachtung als Basis für individuelle Bildungsbegleitung

Die pädagogischen Fachkräfte beobachten systematisch und regelmäßig ihre Bezugskinder. Dazu nehmen sie sich jeden Tag zehn Minuten Zeit für ein bestimmtes Kind. Am nächsten Tag ist dann ein anderes Kind an der Reihe. So werden alle Kinder in einem Rhythmus von zwei bis drei Wochen systematisch beobachtet. Dabei folgt die pädagogische Fachkraft dem Kind in die Räume, in die es sich begibt, und notiert, was sie sieht und hört. Möglichst genau wird festgehalten, was das Kind macht und was es sagt.

---

**Zentrale Regeln für das Beobachten**

▶ Kinder und Team wissen, um welche Uhrzeit die pädagogische Fachkraft täglich beobachtet. Sie wird dabei nicht gestört.

▶ Die pädagogische Fachkraft, die beobachtet, greift nicht ins Geschehen ein.

▶ Sie notiert alles, was das Kind macht, ohne zu interpretieren oder zu bewerten.

▶ Alles und jedes in Bezug auf das Kind ist wichtig für die Beobachtung, auch wenn es vermeintlich nichts tut und zum Beispiel nur still dasitzt.

▶ Von Zeit zu Zeit fragt die pädagogische Fachkraft das „Beobachtungskind", ob sie alles richtig wahrgenommen und aufgeschrieben hat.

▶ Mit den Kolleginnen und Kollegen werden diese Beobachtungen immer wieder durchgesprochen, um genau herauszufinden, was das wirkliche Interesse des Kindes ist.

---

*Klänge kann man hören, spüren und sehen*

*Zola (3,8 Jahre) beschäftigt sich seit Tagen im Musikzimmer der Kita Sonnenschein. Den pädagogischen Fachkräften fällt bei ihren Beobachtungen auf, dass sie die Instrumente zum Klingen bringt und dann an ihre verschiedenen Körperteile hält. Auch in anderen Funktionsräumen bringt Zola Dinge zum Klingen, klopft darauf und hält anschließend ihr Gesicht oder die Hände daran. Spielt Frau Rosenstock Gitarre, legt Zola ihre Hände auf verschiedene Stellen des Instruments.*

*Bei den Beobachtungen wird deutlich, dass Zola nicht an den Klängen selbst interessiert ist, sondern es ihr um die Vibration geht, die diese Klänge erzeugen. Deshalb stellt Frau Rosenstock ihr Trommeln, die Orffschen Instrumente sowie eine Gitarre zur Verfügung. Sie weiß, dass Vibrationen mechanische Schwingungen eines Körpers sind, die durch einen Klang entstehen. Ein Klang oder, physikalisch ausgedrückt, ein Schallereignis überträgt sich auf den Körper, in dem der Klang entsteht und führt damit zu leichten Erschütterungen. Diese sind haptisch wahrnehmbar.*

*Frau Rosenstock beobachtet, dass Zola sich vor allem mit der Gitarre und den Trommeln beschäftigt. Das Mädchen stellt unterschiedliche Versuche an, indem es zum Beispiel mit dem Klöppel des Xylophons auf die Gitarre schlägt und anschließend mit der Hand an dem Instrument fühlt, anschließend zupft es die Saiten. Frau Rosenstock spricht Zola an und erfährt, dass der Klöppel kein lustiges Kribbeln auslöst. Gemeinsam beschäftigen sich die beiden nun mit den unterschiedlichen Instrumenten, und Frau Rosenstock nutzt die Gelegenheit für eine Wortschatzerweiterung und führt die Worte Vibration, Klang und Schall ein.*

*Im Gespräch wird deutlich: Zola möchte herausfinden, welche Dinge vibrieren und warum das so ist. Frau Rosenstock holt Papier und Stifte, und gemeinsam schreiben sie auf, was Zola bei ihren bisbherigen Experimenten bereits herausgefunden hat. Die Gitarre und die Trommeln vibrieren für Zola besonders stark, deshalb hat sie vor allem mit diesen Instrumenten experimentiert. Frau Rosenstock regt mit einer Impulsfrage an, dass Zola erforschen könnte, was die Dinge, die vibrieren, gemeinsam haben. Die Mutter von Zola spielt Djembe (eine afrikanische Trommel), und das Mädchen könnte auch ihr von ihren Entdeckungen erzählen; vielleicht kann sie einige der Fragen von Zola beantworten. Für das weitere Experimentieren zu Hause wird Zola heute eine Trommel mit Klöppel mitnehmen.*

*Am nächsten Tag hat Frau Rosenstock eine kleine Lernwerkstatt eingerichtet. Auf einem Tisch steht eine Glasschale mit Wasser, die mit einer Frischhaltefolie abgedeckt ist; ein Gummi hält die Folie fest. Auf die Folie hat Frau Rosenstock einen Esslöffel Salz gestreut. Neben der Glasschale befinden sich ein Topf, ein Klöppel und eine Dose mit Salz. Auf einem anderen Tisch stehen dünne Weingläser und eine kleine Kanne mit gefärbtem Wasser. Ein Glas ist mit ein wenig Wasser befüllt.*

*Zola kommt ins Musikzimmer und erzählt, dass sie herausgefunden hat, dass die Dinge, die vibrieren, leer oder nicht ganz gefüllt sind. Frau Rosenstock schreibt alles auf, was das Mädchen ihr zu seinen Erkenntnissen und Versuchen diktiert, und führt so die Bildungsdokumentation weiter.*

*Anschließend zieht Zola los und untersucht andere Instrumente, die keinen Hohlkörper haben und trotzdem vibrieren. Am meisten begeistert sie die Stimmgabel. Irgendwann entdeckt Zola, dass die Gitarre den Laut der Stimmgabel verstärkt. Sie beginnt, die Stimmgabel an alle möglichen Materialien zu halten. Auch an den Topf, der zur Lernwerkstatt gehört und laut den Ton der Stimmgabel wiedergibt. Als Zola die Stimmgabel an die kleine Glasschale hält, beginnt das Salz zu tanzen. Auch der Topf, wenn er mit dem Klöppel geschlagen wird, bewegt das Salz. Nun hat Zola Schwingungen sichtbar gemacht. Klänge kann man hören, spüren und sehen – das ist ihr Fazit an diesem Tag.*

An unserem Praxisbeispiel wird klar, dass die Beobachtung des kindlichen Tuns das A und O für eine gelungene Begleitung des Bildungsprozesses ist. Nur durch die genaue Beobachtung konnte die Bezugserzieherin, Frau Rosenstock, feststellen, dass es Zora nicht um die Instrumente selbst, sondern um die Vibration geht. Die aktive Unterstützung des Lernens findet vor allem durch die Reflexion des Tuns des Kindes und die Bereitstellung von hilfreichem Material statt. Impulsfragen regen das Weiterdenken an; darüber hinaus verhält sich die pädagogische Fachkraft eher passiv und gibt nur sehr begrenzt Tipps oder Anregungen. Die kulturelle Herkunft von Zola findet in diesem Bildungsprozess keine Erwähnung, obwohl sie in Nigeria geboren ist und erst seit knapp zwei Jahren die Kita besucht. Insgesamt geht es um die Phänomenologie der Ereignisse; Zola soll keine physikalischen Formeln auswendig lernen oder theoretisch die Fragen von Resonanz klären.

---

### Bildungsangebote in Krippe, Kita und Hort

#### In der Krippe: Der Alltag ist Programm

Pädagogische Bildungsangebote in der Krippe beziehen sich auf die pflegerischen und versorgenden Tätigkeiten, die von der Bezugserzieherin aktiv als Bildungssituationen ausgebaut und genutzt werden. Die restliche Zeit steht den Kindern als selbstgestaltete Bildungszeit zur Verfügung, in der nur sehr selten weitere Bildungsaktivitäten von den pädagogischen Fachkräften angeboten werden.

#### In der Kita: So viel Selbstbestimmung wie möglich

In der Kita gibt es so viel Selbstbestimmung wie möglich und so wenig Regeln und Struktur wie nötig. Die Kinder entscheiden in allen Bereichen das, was sie altersangemessen können. Dazu gehören grundsätzlich alle körperlichen Bedürfnisse, aber auch die Wahl der Freunde und der Themen, mit denen sie sich beschäftigen wollen. Die pädagogischen Fachkräfte begleiten und unterstützen aktiv didaktisch und methodisch den Prozess in Absprache mit den Kindern.

#### Im Hort: Verantwortung für sich und das Ganze

Im Hort sind die Selbstbestimmung und Verantwortung für sich und das Ganze die Grundlage des gemeinsamen Lebens und Lernens. Die von außen gesetzte Struktur spielt hier nur noch eine untergeordnete Rolle. Vielleicht gibt es zwischen 13 und 15 Uhr eine verpflichtende Lernzeit, ansonsten ist alles verhandelbar. Noch deutlich mehr als in der Kita bestimmen und regeln die Kinder ihr Miteinander. Sie legen die Themen fest, mit denen sie sich beschäftigen wollen, und die pädagogischen Fachkräfte begleiten den Prozess, ohne dabei das Ergebnis abzusichern. Wenn die Kinder ihr Ziel nicht erreichen, kann die pädagogische Fachkraft als beobachtende Begleiterin den Prozess mit den Kindern im Nachhinein gut und fehlerfreundlich reflektieren.

## Individuelle Jahresprojekte

Individuelle Jahresprojekte (Baum 2015, S. 19f.) haben gerade für Kinder mit Fluchterfahrungen enorme Vorteile im Vergleich zu den herkömmlichen Gruppenangeboten. Das Kind wird ganz individuell mit seinen Vorerfahrungen und seinem aktuellen Lernthema gesehen, sein Engagement wahrgenommen.

Wie kommt es zu einem individuellen Jahresprojekt? Jedes Kind wird von seiner Bezugserzieherin systematisch und regelmäßig beobachtet. Diese Beobachtungen werden sowohl im Team als auch mit dem Kind ausgewertet, sodass die differenzierten Bildungsthemen im Tun des Kindes deutlich werden. Wird zusammen mit einem Kind ein Bildungsthema gefunden, an dem es großes Interesse hat, könnte dies dann sein Projekt werden.

**PRAXIS**

*Jahresprojekt: Das deutsch-arabische Lexikon*

*Rozet (5,9 Jahre) beginnt, nachdem sie knapp 18 Monate die Kita Sonnenschein besucht, das deutsche Alphabet schreiben zu lernen und stellt dabei immer wieder Vergleiche mit den arabischen Buchstaben an, die sie schon kennt. Sie hat zusammen mit Frau Rosenstock bereits eine Liste erstellt, auf der folgende Unterschiede zwischen der arabischen und deutschen Schriftsprache aufgeführt sind:*

- *Im Deutschen schreibt man von links nach rechts: F›E›I›G›E; im Arabischen schreibt man von rechts nach links: تينة ‹*
- *Das deutsche Alphabet hat 21 (mit Ä, Ö, Ü 24) Buchstaben; in Syrien gibt es 28 (mit Hamza 29) Zeichen oder Buchstaben.*
- *In Deutschland schreibt man am Wortanfang von Substantiven oder am Satzanfang große Buchstaben; im Arabischen gibt es nur kleine Buchstaben.*
- *Die Buchstaben im Arabischen sind miteinander verbunden, sodass sie nur schwer auseinanderzuhalten sind.*
- *Im Deutschen gibt es nur Punkte bei den Buchstaben i, ä, ö, ü oder aber am Satzende; im Arabischen werden durch Punkte die Buchstaben in ihrer Aussprache verändert.*

*Nachdem Frau Rosenstock nun über viele Tage Rozet immer wieder bei ihren Schrift-Untersuchungen begleitet und unterstützt hat und die Begeisterung des Mädchens ungebrochen anhält, überlegen beide gemeinsam, ob dies ein Thema für das Jahresprojekt sein könnte. Rozet ist von der Idee begeistert und überlegt sich, dass sie alles, was sie herausfinden kann, in einem deutsch-arabischen Lexikon festhalten möchte. Dieselben Inhalte werden also auf der rechten Seite in Arabisch und auf der linken Seite auf Deutsch stehen. Bilder und Grafiken sollen das Ganze für alle Kinder verständlicher machen. Wenn das Buch fertig ist, soll es mehrfach kopiert werden, sodass die Einrichtung und Rozet über mehrere Exemplare verfügen und sie auch mal verschenken können.*

*In einem vorläufigen Projektplan wird festgehalten, was Rozet als erstes unternehmen will. Da ihr Vater inzwischen gut deutsch spricht, wird sie ihn fragen, ob er ihr beim Verfassen der Texte helfen kann. Außerdem möchte Rozet ihre zukünftige Lehrerin in der Grundschule und den Lehrer aus der Koranschule interviewen.*

Wie unser Praxisbeispiel zeigt, werden diese individuellen Projekte mit dem Kind geplant und von der Bezugserzieherin begleitet. Manchmal entsteht dabei auch die Möglichkeit, andere Personen, wie hier die künftige Grundschullehrerin und den Lehrer aus der Koranschule, mit einzubeziehen. Auch Freunde und interessierte Kinder können mithelfen; allerdings liegen alle Entscheidungen letztlich bei dem „Projektkind".

Die Kinder haben das ganze Jahr über Zeit, um ihr Projektthema zu finden. So möchten sich Kinder mit Fluchterfahrungen vielleicht mit bestimmten kulturspezifischen Inhalten beschäftigen, die die in Deutschland sozialisierten Kinder in dieser Tiefe und Breite nicht interessieren. Das Kind fühlt sich wertgeschätzt durch die Wertschätzung des selbstgewählten Themas. Die Beziehung zur Bezugserzieherin intensiviert sich, die Kinder gewinnen an Beziehungssicherheit. Das Kind übernimmt altersangemessen Verantwortung für sein eigenes Projekt und erlebt Selbstbestimmung / Selbstbemächtigung.

In jedem dieser Projekte stecken unglaublich viele Lernthemen für die verschiedensten Lebensbereiche: Rozet beschäftigt sich mit Schrift, sie muss aber auch herausfinden, wie sie zur Koranschule kommt, dazu betrachtet sie den Stadtplan, den Busfahrplan, telefoniert mit dem Lehrer dort, damit er sich Zeit für sie nimmt, und und und ...

Bei jedem Projekt (auch bei Erwachsenen!) treten unvermutet kleine Hindernisse auf, die das Kind als Herausforderung begreifen kann und seine Problemlösestrategien weiterentwickeln helfen. Die Bezugserzieherin teilt mit dem Kind sein Interesse und unterstützt es – mit der eigenen Neugierde, entsprechenden Impulsfragen und Ideen zur Problemlösung.

Die Prozessdokumentation fasst dann zusammen, was das Kind alles gelernt hat, und hält auch mithilfe von Fotos und anderen Dokumenten, wie zum Beispiel einer Eintrittskarte, die Erinnerung an diesen Prozess lebendig. Das Kind ist stolz auf das, was es geschaffen hat.

In den Jahresprojekten zeigt sich eine durchgängig kompetenzorientierte Pädagogik, die an den Interessen und damit an den Kompetenzen des Kindes ansetzt. Gerade Kinder mit Fluchterfahrungen fühlen sich in ihrer Selbstwahrnehmung bestärkt und lernen, ihren Kompetenzen wieder und immer mehr zu vertrauen.

## Kinder brauchen Rituale und klare Strukturen

Es stimmt: Rituale und Strukturen geben den Kindern Sicherheit. Allerdings handelt es sich auch um ein Ritual, wenn Jamals Bezugserzieherin sich jede Woche für ihn Zeit nimmt und sie gemeinsam sein Portfolio anschauen, ein Portfolio-Gespräch führen, die aktuelle Bildungsdokumentation weiterschreiben oder gemeinsam eine neue Lerngeschichte entwickeln. Es braucht nicht ausschließlich Rituale, die für alle gleich sind und zur gleichen Zeit stattfinden.

*Immer wieder mittwochs ...*

*Selina (2,7 Jahre) ist es lieber, wenn ihre Bezugserzieherin zweimal die Woche mit ihr frühstückt als jeden Morgen mit 23 anderen Kinder im Morgenkreis zu sitzen. Murrhad (5,2 Jahre) ist es am wichtigsten, immer mittwochs mit Jens, seinem Bezugserzieher, in der Fahrradwerkstatt zu arbeiten. Er genießt es besonders, der elterlichen Kundschaft mit Stolz zu versichern, dass sie ihr Fahrrad auf jeden Fall „gut und billig" reparieren können.*

Die beiden Kinder haben unterschiedliche Bedürfnisse und damit auch unterschiedliche Ansprüche an die Erwachsenen. Die pädagogischen Fachkräfte werden diesen Bedürfnissen dann gerecht, wenn sie wenig gemeinsames Programm anbieten und dafür Zeit individuell mit den Kindern verbringen.

Sprechen Sie doch einmal im Laufe des Montagmorgens jedes Kind einzeln an und fragen Sie es, was es sich für diese Woche von Ihnen wünscht, was es mit Ihnen erleben will. Sie werden staunen, wie „wenig Zeit" die Kinder von Ihnen ganz allgemein fordern, wenn sie Ihre Aufmerksamkeit zu einem bestimmten Zeitpunkt exklusiv oder in einem sehr kleinen Kreis bekommen können.

Die Erfahrung vieler Kitas zeigt: Wenn Kinder auf der Beziehungsebene mit ihrem im Moment wichtigen Erwachsenen richtig „satt" geworden sind, können sie sich anschließend gut und über einen längeren Zeitraum alleine beschäftigen. Untersuchungen kommen darüber hinaus zu dem Ergebnis, dass die Kinder dann sogar eine deutlich bessere Emotionsregulierung und eine höhere Spannungstoleranz entwickeln.

Natürlich verändern sich die Bedürfnisse der Kinder von Zeit zu Zeit. Und so kann es sein, dass Selina in wenigen Monaten einmal die Woche mit ihrer Bezugserzieherin allein auf der Couch sitzen möchte, um ein Bilderbuch zu betrachten. Auch Murrhad bleibt sicher nicht ewig in der Fahrradwerkstatt, sondern möchte vielleicht nach einiger Zeit mit Jens einen Roboter aus Metall schweißen. Was aber bleibt, ist das Ritual, dass eine pädagogische Fachkraft dem Kind für eine begrenzte Zeit ganz und gar zur Verfügung steht. Ein Ritual verdient auch seinen Namen, wenn es individuell mit den Kindern entwickelt wird, und nicht nur, wenn alle Kinder daran teilhaben.

Genauso bildet sich eine Struktur heraus, wenn Situationen offen gestaltet sind und Selbstbestimmung möglich ist. Struktur bedeutet nicht zwangsläufig Begrenzung. Das offene Frühstück im Bistro hat Struktur: Es beginnt um 7 Uhr und endet um 10.30 Uhr. Struktur ist auch, wenn immer Wurst, Käse, Marmelade und Honig angeboten werden. Auch wenn es am Montag zusätzlich Kaba und am Mittwoch Nutella gibt, hilft das offene Frühstück den Kindern, den Tag und die Woche zu strukturieren. Struktur bedeutet auch: In der selbstgestalteten Bildungszeit werden die Kinder durch Erwachsene nicht unterbrochen, montags und freitags findet eine Kinderkonferenz statt, am Dienstag, Mittwoch und Donnerstag gibt es das Angebot eines altershomogenen Stammgruppenkreises. All das bietet schon ziemlich viel Tages- und Wochenstruktur und den Kindern eine klare und ausreichende Orientierung.

## Die Tagesstruktur

Kinder haben ihren eigenen Rhythmus. Deshalb ist es gut, wenn es möglichst viele offene Raumangebote gibt, die Kinder zum Beispiel dann frühstücken können, wenn sie es wollen und brauchen. In offenen Konzepten sind die individuellen Tagesrhythmen der einzelnen Kinder durch regelmäßiges, systematisches Beobachten gut zu erkennen.

PRAXIS

### *Zuerst in die Stammgruppe*

*Selina (2,7 Jahre) kommt morgens in ihre Stammgruppe, begrüßt ihre Bezugserzieherin und bleibt dort in der Regel zwei Stunden. Danach geht sie frühstücken und im Anschluss daran in andere Räume. In die Stammgruppe kehrt sie erst wieder zurück, wenn ein Projekt, ein Stammgruppenkreis oder die Kinderkonferenz stattfindet.*

Es scheint, dass Selina morgens die Nähe ihrer Bezugserzieherin sucht und, nachdem sie zwei Stunden im vertrauten Stammgruppenraum war, genug Mut und Kraft gesammelt hat, um sich neuen Herausforderungen zu stellen. Es braucht die Balance von Beziehung und Exploration.

PRAXIS

### *Gleich in der ganzen Kita unterwegs*

*Rozet (5,9 Jahre) macht es genau umgekehrt: Kaum hat sie ihre Bezugserzieherin begrüßt, ist sie mit ihren Freundinnen schon in der ganzen Kita unterwegs. Wenn sie nach rund eineinhalb Stunden zurück in den Stammgruppenraum kommt, lässt sie sich erst einmal erschöpft auf dem Schoss ihrer Erzieherin nieder und bleibt dann in diesem Raum bis zum Mittagessen.*

Rozet steckt am Morgen alle Energie hinein, um „Fremdes" zu erkunden. Anschließend braucht sie die Nähe ihrer Erzieherin und der Kinder in ihrer Gruppe. Manche Kinder wechseln alle halbe Stunde in die Stammgruppe zurück, andere haben für jeden Tag einen neuen Plan. Es gibt Kinder, die immer um die gleiche Zeit im Bistro anzutreffen sind, andere gehen jeden Morgen zuerst für eine Stunde in den Garten. Selbst Kinder, die alle paar Minuten den Raum wechseln, haben einen eigenen Rhythmus und eine eigene Lernstrategie – sie lernen viel durch Beobachten. Wer über lange Zeit Kinder in ihrem persönlichen Tagesrhythmus beobachtet hat, weiß, dass es viele unterschiedliche Strukturen gibt, nach denen sie sich orientieren. Und dass dieser Tagesrhythmus sich von Zeit zu Zeit immer wieder einmal verändert. Diese selbstgestaltete Tagesstruktur entspricht dem psychischen und physischen Rhythmus des Kindes. Wenn es diesem Rhythmus in der Kita folgen kann, wird das Kind in seiner Selbstwahrnehmung unterstützt.

Für Kinder unter drei Jahren ist dieser eigene Rhythmus besonders bedeutsam, da sie noch dabei sind, ihre Bedürfnisse regulieren zu lernen, und dies auch der Gesundheitsfürsorge dient. Bedürfnisaufschub können Kinder unter drei Jahren noch nicht leisten. Wenn sie Hunger haben, braucht ihr Körper sofort Nahrung, und wenn sie müde sind, brauchen sie ihren Schlaf.

Im Hort fallen Kinder auf, die zügig ihrer Hausaufgaben machen wollen und anschließend ihren eigenen Interessen nachgehen. Andere Kinder brauchen erst etwas Bewegung, bevor sie sich auf ihre Aufgaben konzentrieren können. Diesen unterschiedlichen Bedürfnissen werden starre Strukturen nicht gerecht. Gerade wenn Kinder lernen sollen, selbstständig mit Lust und Begeisterung zu arbeiten, ist es notwendig, dass sie einen Rahmen vorfinden, in dem sie ihre eigenen Wünsche und Pflichten selbst ausbalancieren können.

## Die Gestaltung der Räume und die Bereitstellung von Material

Grundsätzlich gehören die Räume und das Material einer Kindertageseinrichtung den Kindern. Das heißt, die Kinder brauchen nicht zu fragen, wenn sie den Raum wechseln oder ein bestimmtes Material nutzen wollen.

Funktionsräume bieten den Vorteil, dass sich die Kinder jeweils auf einen Bildungsbereich einstellen können, in dem großzügig Material für das eigene Explorieren zur Verfügung steht. So findet sich im Bauraum Material, mit dem in erster Linie Gegenständliches gebaut werden kann. Ergänzt werden diese Grundmaterialien mit belebenden Figuren, Büchern, Puzzle und Spielen, die sich mit dem Thema Bauen und Konstruieren beschäftigen. Eine Leiter, um in die Höhe bauen zu können, und ein Seilzug sind hilfreich. Auch ein Architekturbüro, ein Baustoffhandel können in diesem Funktionsraum Platz finden. So finden die Kinder im Funktionsraum Bauen und Konstruieren die verschiedensten Beschäftigungen und Bildungsfelder vor. Sie können zeichnen, Rollenspiele gestalten, Bücher anschauen, puzzeln und vieles mehr. Befindet sich dann auch noch eine Lernwerkstatt zu mathematischen und physikalischen Themen im Raum, sind fast alle Bereiche und Lernfelder zum Thema Bauen und Konstruieren abgedeckt.

Kinder brauchen eine klare Struktur und eine gute Übersicht über die zur Verfügung stehenden Materialien. Im Grunde sollten sie bereits an der Zimmertür überblicken können, was wo zu finden ist und welche Spielangebote sich in welchen Bereichen des Raumes befinden. Kinder brauchen auch freie (Wand-)Flächen, auf die sie schauen können, um innere Ruhe zu finden. Und in jedem Raum muss Platz für Bewegung sein – in der Kita und im Hort circa ein Drittel und in der Krippe sogar die Hälfte der Gesamtfläche. Zum Toben und Rennen stehen den Kindern der Bewegungsraum und der Garten zur Verfügung. Die Freiflächen im Zimmer sind dem bewegten Spiel, in der Krippe dem Einüben von Bewegungsmustern (zum Beispiel mit Pikler-Materialien) vorbehalten. Zeitweise können diese auch als spezielle Projektflächen genutzt werden.

*Was hat der Stuhl **auf** dem Tisch zu bedeuten?*

*Eines Morgens findet Rozet (5,9 Jahre) im Rollenspielbereich einen Tisch vor, auf dem ein Stuhl steht. Eine Weile überlegt sie mit ihren Freundinnen, was dies zu bedeuten hat. Dann hat Antonia (4,9 Jahre) eine Idee. Die Kinder heben den Stuhl herunter und legen ein großes rotes Tuch über den Tisch; der Stuhl wird nun auf den „Thron" zurück-gestellt und mit einem goldenen Kissen bestückt. Antonia setzt sich eine Krone auf und nimmt ihren hoheitlichen Platz ein, um Rozet und Selina (2,7 Jahre) ihre Wünsche als Prinzessin mitzuteilen. Als erstes will sie Himbeereis und ordnet an, dass ab heute alle Kinder das jeden Tag zum Frühstück bekommen sollen. Nachdem alle drei Mäd-chen einmal Prinzessin waren, verlassen sie den Rollenspielbereich, um frühstücken zu gehen.*

*Murrhad (5,2 Jahre) hat mit Ismael (5,1 Jahre), Daniel (4,8 Jahre) und Dario (5,1 Jahre) nur darauf gewartet, dass die Mädchen den Platz räumen. Dario, der heute der Bürgermeister ist, hält eine lange Rede über die Wichtigkeit von Spielplätzen in der ganzen Stadt.*

Unser Praxisbeispiel zeigt, wie kleine Veränderungen Kinder anregen, neue Spiele zu erfinden und auszuprobieren. Gleichzeitig schafft diese kleine Irritation (der Raum sieht anders / fremd aus) die Möglichkeit, sich mit etwas Fremdem und mit Veränderungen zu beschäftigen. Es fördert die Kreativität, wenn durch die Veränderung von Material und Mobiliar neue Impulse gegeben werden, dass Dinge auch anders als bekannt verwendet werden können.

Wenn die ersten Kinder, die den Raum betreten, den Stuhl sofort wieder „ordentlich" an seinen Platz stellen, zeigt das den pädagogischen Fachkräften, dass sie noch wenig an Verän-derungen partizipieren können. Gerade dann ist es gut, mit ihnen ins Gespräch zu gehen und gerade den kleineren Kindern die Erlaubnis zu geben, einmal auszuprobieren, was sie zum Beispiel mit einem umgedrehten Tisch alles machen können. Gleichzeitig ist es notwendig, auf eine gute Balance zwischen Gewohntem und Veränderung zu achten.

Für alle Räume gilt: Weniger ist mehr. Die Dekoration sollte dem Raumthema angepasst sein und den Kindern Anregung zum Tun geben. Im Raum für Bauen und Konstruieren bie-ten sich zum Beispiel Konstruktionszeichnungen von Autos oder das Bild eines Flugzeuges an. Auch Architekturpläne können als Anregung für eigene Zeichnungen dienen. Um die un-terschiedlichen Lebenswelten der Kinder präsent zu machen, werden Bilder von Bauwerken aus unterschiedlichen Kulturen aufgehängt – zum Beispiel Fotos von verschiedenen Wohn-häusern in Deutschland und in Syrien oder der Kölner Dom und eine große Moschee aus Da-maskus. Schön ist es, wenn Fotos von besonderen Werken der Kinder für alle sichtbar zum Beispiel im Flur aufgehängt werden oder Bildungsdokumentation den Kindern im Funktions-raum zur Verfügung stehen.

*Der Moschee-Bau wird dokumentiert*

*Während Murrhad (5,2 Jahre) und Murrath (5,6 Jahre) aus Legosteinen über mehrere Tage eine Moschee bauen, nimmt sich Paul, der Praktikant, die Zeit, systematisch zu beobachten und die Moschee in ihren verschiedenen Baustadien zu fotografieren.*

*Als die Moschee fertig ist, setzt Paul sich mit den beiden Jungen zusammen, und gemeinsam erstellen sie am Laptop eine Dokumentation, in der Murrhad und Murrath die Arbeitsschritte anhand der Fotos erklären. Als die Dokumentation fertig ist, wird sie drei Mal ausgedruckt. Die beiden Jungen heften sie jeweils in ihrem Portfolio ab. Die dritte Dokumentation wird laminiert und in eine Sammelmappe gesteckt, auf dem Deckel prangt ein Foto der fertigen Moschee.*

*In der nächsten Kinderkonferenz werden Murrhad und Murrath ihre Dokumentation vorstellen; anschließend steht sie allen Kindern im Bauraum zur Verfügung.*

Da sich im Laufe der Zeit in der Kita viele solcher Dokumentationen angesammelt haben, hat die Kinderkonferenz beschlossen, dass sie nach einem halben Jahr in die Bibliothek wandern sollen. Kommen die Kinder in die Schule, dürfen sie ihre Dokumentationen mitnehmen.

### Reduzierung der Materialien hilft, sich zu orientieren

Aus den Projekten „Spielzeugfreier Kindergarten" ist bekannt, dass die Reduzierung des Materials allen Kindern guttut. Sie entwickeln sichtbar mehr Kreativität, werden ruhiger und konzentrierter im Spiel und finden auch in der Natur vielfältige Dinge, mit denen sich eine ganze Menge machen lässt. Es lohnt sich, darüber mit den Kindern zu sprechen und gemeinsam die Materialien aus dem Funktionsraum zu entfernen. Wenn die Kinder im Laufe der Zeit feststellen, dass ihnen bestimmte Dinge fehlen, können sie diese nach und nach wieder zurückholen.

Gerade für Kinder mit Fluchterfahrungen ist es hilfreich, wenn die Materialien, die ihnen zur Verfügung stehen, vor allem in den ersten Wochen begrenzt werden. Die Vielfalt bedeutet hier oft eine Überforderung, da die Kinder viele der Materialien gar nicht kennen und bisher auch noch nicht mit einer solch großen Auswahl umgehen mussten. Die Überforderung verhindert, dass die Kinder in ein entspanntes, explorierendes Spiel finden. Eine reduzierte Auswahl an Material unterstützt sie dabei, sich zu orientieren und schnell im neuen Raum zurechtzufinden. Das wiederum schafft Möglichkeiten für autonome Beschäftigung und gibt Sicherheit. Um die anderen Kinder der Gruppe von diesem Prozess nicht auszuschließen, ist es notwendig, gemeinsam mit ihnen zu beschließen, welche Materialien reduziert oder ausgeräumt werden.

Im Materialangebot selbst steckt immer eine Wertschätzung des Tuns der Kinder. Kinder, die regelmäßig ansprechendes, geeignetes Material zur Verfügung haben und zum Beispiel im Atelier nicht nur Reste und ausrangierte Dinge vorfinden, fühlen sich wertgeschätzt und haben mehr Lust, aus den Materialien etwas für sie Schönes zu gestalten.

*Kinder brauchen Materialien aus ihrer Lebenswelt*

Kinder mit Fluchterfahrungen sind auf der Suche nach Materialien aus ihrer bisherigen Lebenswelt. Dabei kann es sich zum Beispiel um ihnen bekannte Lebensmittel, vertraute Kleidung für das Rollenspiel oder bestimmtes Ess- und Kochgeschirr handeln. Auch Bilderbücher in der Herkunftssprache und mit entsprechender Gestaltung zählen dazu. Werkzeuge sehen in verschiedenen Kulturen unterschiedlich aus. Und Puppen und Puppenkleider repräsentieren die unterschiedlichen Kulturen. Sitzkissen und Bastmatten machen es möglich, auch einmal auf dem Boden zu essen.

In den Lernwerkstätten wird ebenfalls auf Kulturspezifisches geachtet, zum Beispiel in der Schreibwerkstatt mit entsprechenden Alphabeten und Anlauttafeln (E wie Essen = طعام .ج] أطعمة[ تغذيه{ ). Lernspiele, Puzzle, Tischspiele und Spielzeuge können aus den entsprechenden Herkunftsländern besorgt werden, und auch die Schlafgelegenheiten werden unter die Lupe genommen. So braucht es zum Beispiel Betten, in denen mehrere Kinder gleichzeitig schlafen können, wie Hänge- oder Bodenmatten (siehe Seite 76).

Die pädagogischen Fachkräfte haben vielleicht Freude daran, aus ihren Urlauben landestypische Dinge für die Einrichtung mitzubringen. Dieser Posten könnte im Budget der Kita verankert werden. Hier geht es natürlich nicht um stereotype Folkloreprodukte, sondern um die verschiedensten Dinge, die die Einheimischen in Benutzung haben.

## Das Essen & die Mahlzeiten

Essen ist ein intimer und sensibler Akt. Damit Kinder ihre eigenen Bedürfnisse besser kennenlernen und verstehen können, was ihnen guttut und was nicht, ist es wichtig, ihnen von Anfang an zuzugestehen, dass sie nur das essen und trinken, was ihnen schmeckt. Gerade Kinder mit Fluchterfahrungen brauchen in den ersten Monaten Essen, das sie kennen, und das für sie so auch ein Stück „Zuhause" bedeutet. Kinder, die etwas essen müssen, was sie nicht mögen, entwickeln Ekelgefühle und Widerwillen. Diese Emotionen haben am Esstisch nichts zu suchen.

Kinder, die in ihren Herkunftsländern und auf der Flucht auf viel verzichten mussten, brauchen in der Kindertageseinrichtung die Möglichkeit zu erfahren, dass sie sich in ausreichendem Maße selbst versorgen können, weil genug von dem da ist, was sie brauchen. Auch dies ist eine Form der Selbstermächtigung (siehe Kapitel 1).

Grundsätzlich gilt: Kinder sind in aller Regel traditionelle Esser. Sie müssen etwas mehrere Male probieren, um herauszufinden, ob ihnen der fremde Geschmack zusagt. Dieses Ausprobieren sollte immer von Neugierde und Interesse begleitet sein. Viele Eltern wundern sich, dass ihre Kinder in der Kita essen, was sie zu Hause nicht anrühren wollen. Das liegt auch daran, dass Kinder mit unterschiedlichen Essgewohnheiten sich gegenseitig animieren, etwas zu probieren – und was dem besten Freund schmeckt, kann so schlecht nicht sein.

*Was schmeckt mir?*

*Salem (2,1 Jahre) ist nach wenigen Wochen in der Kita ganz neugierig geworden und isst alles, was das Büffet bietet. Mehmed (3,8 Jahre) dagegen braucht viel Zeit, um die ihm unbekannten Lebensmittel immer wieder zu testen. Meist greift er jedoch auf die Speisen zurück, die seine Eltern mitgebracht haben.*

Der weitverbreitete „Probierlöffel" ist für Mehmed und auch alle anderen Kinder nicht hilfreich. Mit der inneren Freiheit, selbst zu bestimmen, kann ein Kind unvoreingenommen probieren. Wenn es dagegen – auch auf freundliche Art – dazu gezwungen wird, kann es vor Unwillen oder gar Ekel nicht mehr schmecken, was es isst. Das Kind kann sich dann nur gegen den Übergriff, dass ein anderer bestimmen will, was es in sich aufnimmt, wehren.

Unterstützend ist es, wenn die pädagogischen Fachkräfte bei den Mahlzeiten mitessen und sich mit den Kindern über das Essen unterhalten: Aus was besteht das Essen? Wie wird es zubereitet? Was kochen die Eltern zuhause? Welche Mahlzeiten aus der Kita gibt es auch daheim?

Die Autonomie und damit die Neugierde werden unterstützt, wenn Kinder sich so früh wie möglich selbst schöpfen und einschenken können. Bereits mit Beginn des zweiten Lebensjahres kann dies geübt werden. Hilfreich sind viele kleine Schalen und Schüsseln, sodass auch die kleineren Kinder sie selbst halten können. Und sie müssen auch nicht so lange warten, bis sie endlich an der Reihe sind, weil sich mehrere Kinder gleichzeitig bedienen können.

Kinder mit Fluchterfahrungen und auch Kinder in der Krippe haben zum Teil sehr unterschiedliche Essensrhythmen. Ein freies Frühstück und eine flexible Handhabung des Mittagessens kommen den Kindern deshalb sehr entgegen. Die Kinder treffen zu unterschiedlichen Zeiten in der Einrichtung ein. Manche haben dann bereits ausführlich gefrühstückt, andere nicht. Wenn nun alle gemeinsam um 9 Uhr frühstücken müssen, lernen die einen zu essen, obwohl sie noch satt sind, und die anderen zu hungern, weil sie noch warten müssen. Beides kann unter präventiven Aspekten kein pädagogisches Ziel sein.

Um autonomer zu werden und gleichzeitig auch vielfältige Geschmacksrichtungen kennenzulernen, ist ein Büffet sinnvoll. Hier kann gezielt darauf geachtet werden, dass sich die Lebensmittel immer wieder abwechseln und es reichlich Obst und Gemüse gibt.

Gerade in Teilen der arabischen Welt essen Kinder häufig getrennt von den Erwachsenen. Sie nehmen die Mahlzeiten auf einem Teppich am Boden ein und keiner hat einen eigenen Teller. Viele unterschiedliche Soßen, Fleisch und Gemüse stehen allen in kleinen Schüsseln zur Verfügung, und mithilfe einer Art von Fladenbrot wird das Essen aus den Schalen genommen. Besteck gibt es nicht. So erscheint es sinnvoll, einzelne Esstische in der Einrichtung zu haben, an denen keine pädagogische Fachkraft sitzt, und sich auch nicht darüber zu wundern, dass die Kinder das Essen mit Besteck erst lernen müssen (Das geht allerdings sehr schnell).

## Vom Ruhen & Schlafen

Schlafen ist ein Grundbedürfnis des Kindes, das nicht von Erwachsenen strukturiert werden kann. Ist ein Kind müde, braucht es die Möglichkeit, sich hinzulegen. Die Kinder lernen, ihren körperlichen Bedürfnissen zu folgen und ein gutes Gefühl für ihren Körper und seine Bedürfnisse zu entwickeln. Schlafen ist nicht nur zur Erholung des Körpers wichtig, sondern auch für das Lernen. Im Schlaf wird Erlebtes weiterverarbeitet. Für Kinder stellt so der Schlaf auch einen echten Lernmotor dar.

Kinder, die mittags nicht schlafen können oder wollen, brauchen diesen Schlaf in der Regel auch nicht, und es macht keinen Sinn, sie zum Schlafen zu überreden oder gar zu zwingen. Erwachsene wissen selbst, dass das Einschlafen besser gelingt, wenn man müde und entspannt ist. Ist ein Kind wütend, weil es sich hinlegen muss, ist in der Regel an Schlaf nicht zu denken. Viel besser ist es, wenn Kinder, die am Mittag nicht geschlafen haben, nachmittags selbst merken: „Oh, ich bin müde; ich hätte wohl doch besser schlafen sollen."

Kinder mit Fluchterfahrung haben oft andere Schlaferfahrungen, Schlafrituale und Schlafzeiten. Vor allem in afrikanischen, aber auch in einigen arabischen Ländern gibt es keine typischen Zu-Bett-geh-Rituale mit Vorlesen, Singen etc. Die Kinder schlafen häufig einfach ein, wo sie gerade sind, und werden dann von den Erwachsenen zu Bett gebracht. Eher selten haben die Kinder dann das Bett für sich allein, manchmal schlafen sie mit den Eltern, häufig mit den Geschwistern in einem Bett.

Die Schlafgewohnheiten von Zuhause sollten den Kindern, soweit es geht, auch in der Kita ermöglicht werden. Unterschiedliche Schlafstätten wie kleine Höhlen, normale und breite Betten, Schlafkörbe, Bast- und Hängematten etc. sowie unterschiedliches Bettzeug wie Wolldecken, Vliesdecken oder Schlafsäcke helfen den Kindern, ihre unterschiedlichen Gewohnheiten auch in der Kita aufzunehmen und zur Ruhe zu kommen.

PRAXIS

### Salem hat noch nie alleine geschlafen

*Die Eltern von Salem (2,1 Jahre) erzählen beim Aufnahmegespräch, dass ihre Tochter noch nie allein in einem Zimmer geschlafen hat. Da die Familie abends immer spät isst und Salem deshalb auch relativ spät ins Bett geht, trotzdem aber sehr früh wach ist, schläft sie meist gegen 10 Uhr am Vormittag wieder ein. Eine Zeit, in der in der Krippe sonst kein Kind schläft.*

*Deshalb hat Frau Rosenstock in der „Höhle" auf der zweiten Raumebene für Salem ein Bett hergerichtet, in das sie sich jederzeit zurückziehen kann, ohne das Zimmer verlassen zu müssen. Die Höhle ist etwas abgedunkelt und hat ein Guckloch, sodass Salem jederzeit Blickkontakt mit den anderen Kindern und den pädagogischen Fachkräften aufnehmen kann.*

## Abschied von heute auf morgen

Anfang und Abschied gehören zum Kita-Alltag dazu. Doch für Familien mit Fluchterfahrungen und so auch für alle Beteiligten in der Kindertageseinrichtung ist gerade der Abschied oft ein schwieriges Thema. Die Kinder werden manchmal von heute auf morgen in einer anderen Einrichtung untergebracht, weil die Familie plötzlich umziehen musste. Es empfiehlt sich, die Eltern zu bitten, die pädagogischen Fachkräfte so früh wie möglich über eine bevorstehende Veränderung zu informieren, damit es allen Beteiligten gelingt, sich voneinander zu verabschieden.

PRAXIS

### Abschiedsfeier für Bülent

*In der Kita Sonnenschein lädt Bülent (5,3 Jahre), der die Einrichtung heute verlassen wird, weil seine Familie morgen aus der Unterkunft auszieht, seine Freunde und Freundinnen ein. Er hat mit seinem Bezugserzieher, Herrn Imanov, eine kleine Feier vorbereitet und sich einige Spiele und ein Lied gewünscht. Herr Imanov hat gemeinsam mit den Kindern, die eingeladen sind, eine Art Bildungs- und Lerngeschichte geschrieben, in der alle ihr schönstes Erlebnis mit Bülent erzählen und beschreiben, was sie an ihm so toll finden.*

*Am Ende der kleinen Feier sammeln die Kinder gemeinsam das Portfolio von Bülent und seine gebastelten Werke ein und begleiten ihn die Unterkunft, die in der Nähe der Kita liegt. Dort können sich die Kinder und Herr Imanov dann von der ganzen Familie verabschieden.*

In vielen Fällen muss der Umzug jedoch so schnell vonstattengehen, dass es nicht möglich ist, das Kind in der Kita gebührend zu verabschieden. Für die Kinder, die bleiben, ist es dann wichtig, ein Ritual zu finden, wie sie trotzdem Abschied nehmen können. Manchmal ist bereits die neue Adresse der Familie bekannt, sodass die Kinder Bilder mit guten Wünschen und Briefe schicken können. Die pädagogische Fachkraft kann sich mit den Kindern zusammensetzen, die mit dem Kind, das die Kita so schnell verlassen musste, befreundet waren, um sich zu erzählen, was sie miteinander erlebt haben und was sie an diesem Kind besonders schätzen. Vielleicht entsteht aus diesen Gesprächen eine Geschichte, die alle Kinder mit einem Foto ihres ehemaligen Spielgefährten in ihr Portfolio heften können.

Häufiger Wechsel in der Einrichtung und immer wiederkehrende Abschiede stellen für die Kinder eine Belastung dar, die es zu thematisieren gilt.

*„Kaum hat man sich ein bisschen kennengelernt ...“*

*Die Stammgruppe Schneewölfe war in den letzten Monaten häufig davon betroffen, dass Kinder mit Fluchterfahrungen nur wenige Wochen in der Einrichtung blieben und dann umziehen mussten. Einige der größeren Mädchen hatten sich gut mit Rozet (5,9 Jahre) und ihrer Schwester Zahira (3,5 Jahre) angefreundet. Nach knapp sechs Monaten sind die beiden Mädchen weggezogen und haben eine echte Lücke in der Kindergruppe hinterlassen.*

*Nun will Marco (5,8 Jahre), einer der beiden Sprecher der Schneewölfe, darüber diskutieren, warum Kinder mit Fluchterfahrungen denn überhaupt in die Kita kommen, wenn sie doch schon bald wieder gehen. Ayshe (4,1 Jahre) stellt zu Beginn fest, dass alle Kinder lernen und spielen dürfen, und das nicht nur in Deutschland. Marco findet, das könnten die Kinder doch auch bei sich in der Unterkunft machen: „Kaum hat man sich ein bisschen kennengelernt, dann sind sie wieder weg!“*

*Frau Rosenstock freut sich über die Diskussion und teilt das den Kindern auch mit. „Es ist wirklich ein großes Problem, wenn man neue Freunde findet, die dann bald wieder wegziehen müssen. Das gefällt sicher niemandem.“ Frau Rosenstock wendet sich dann an Ayshe und stimmt ihr zu, dass das Recht aller, wirklich aller Kinder auf Bildung in der UN-Kinderrechtskonvention festgeschrieben ist. Sie zeigt den Kindern die entsprechende Stelle in der Konvention.*

*In der Kinderkonferenz wird noch eine ganze Weile lebhaft weiterdiskutiert. Letztlich wird allen klar, dass es nicht anders geht, als die Kinder mit Fluchterfahrungen willkommen zu heißen und sie leider nach einer gewissen Zeit wieder zu verabschieden. So schwer es auch fällt ...*

Hier handelt es sich wohl um ein sogenanntes Dilemma: Für die Kinder ist es wichtig, baldmöglichst nach ihrer Flucht Alltagsstrukturen in der Kita vorzufinden, die ihnen ermöglichen, sich mit den Gegebenheiten im Aufnahmeland und der deutschen Sprache auseinanderzusetzen. Der Umgang mit den anderen Kindern hilft ihnen, sich neugierig und entdeckend ihre neue Umwelt anzueignen. Die Kinder der Kita freuen sich auf die neuen Kinder und sehen sie bald als wichtigen Teil ihres Alltags. Gleichzeitig ergeben sich unweigerlich Beziehungsabbrüche, manchmal von heute auf morgen. Deshalb ist es notwendig, dieses Thema mit allen Kindern immer wieder offen anzusprechen. Dilemmata sind nicht aufzulösen, und in meinen Seminaren höre ich immer wieder, wie schwer es den pädagogischen Fachkräften und auch den Kindern fällt, diese Spannung auszuhalten.

# 6

## Bildungs- und Erziehungspartnerschaft mit den Eltern

Gerade für Familien mit Fluchterfahrung ist die gelingende Kooperation mit den pädagogischen Fachkräften ein wichtiger Teil der Willkommenskultur. Verstehen Eltern, welche Ziele und Prinzipien die Einrichtung verfolgt, und verstehen die pädagogischen Fachkräfte etwas von den Bedenken und Wünschen der Eltern, kann daraus ein fruchtbarer Prozess entstehen. Das Kind kann sich entspannen, weil es merkt: Meine Eltern und meine Erzieher und Erzieherinnen verstehen und akzeptieren sich. So kommt es nicht zu einem Loyalitätsdilemma für das Kind, und es kann sich in der Einrichtung rundum wohlfühlen.

### Rechtliche Grundlagen der Zusammenarbeit mit Eltern

Um die Bildungs- und Erziehungspartnerschaft mit den Eltern einmal aus dem Blickwinkel der formalen Anforderungen an die Einrichtungen zu betrachten, sind hier die rechtlichen Regelungen kurz zusammengefasst.

**§ 1 Abs. 3 SGB VIII**
„ ... Jugendhilfe soll zur Verwirklichung des Rechts nach Absatz 1 insbesondere (...)
2. Eltern und andere Erziehungsberechtigten bei der Erziehung beraten und unterstützen (...)
4. dazu beitragen, positive Lebensbedingungen für junge Menschen und ihre Familien sowie eine kinder- und familienfreundliche Umwelt zu erhalten oder zu schaffen.“

**§ 22 Abs. 2 SGB VIII**
„... Tageseinrichtungen für Kinder und Kindertagespflege sollen (...)
2. die Erziehung und Bildung in der Familie unterstützen und ergänzen,
3. den Eltern dabei helfen, Erwerbstätigkeit und Kindererziehung besser miteinander vereinbaren können.“

§ 22a Abs. 2 SGB VIII

„ ... Die Träger der öffentlichen Jugendhilfe sollen sicherstellen, dass die Fachkräfte in ihren Einrichtungen zusammenarbeiten

mit den Erziehungsberechtigten und Tagespflegepersonen zum Wohl der Kinder und zur Sicherung der Kontinuität des Erziehungsprozesses,

mit anderen kinder- und familienbezogenen Institutionen und Initiativen im Gemeinwesen, insbesondere der Familienbildung und -beratung (...)

Die Erziehungsberechtigten sind an den Entscheidungen in wesentlichen Angelegenheiten der Erziehung, Bildung und Betreuung zu beteiligen.“

§ 22a Abs. 3 SGB VIII

„ ... Das Angebot soll sich pädagogisch und organisatorisch an den Bedürfnissen der Kinder und ihrer Familien orientieren. (...)“

Im Zentrum dieser rechtlichen Regelungen steht die Mitwirkung der Eltern – echte Mitbestimmung in Bezug auf die Konzeption der Einrichtung, die Jahresplanung sowie bei Veranstaltungen oder besonderen Aktivitäten.

## Themen in der Kooperation mit Eltern

Folgende Themen stellen in der Bildungs- und Erziehungspartnerschaft mit den Eltern eine Notwendigkeit dar:
• Grundsätzliche Fragen der Erziehung und Bildung
• Gestaltung von pädagogischen Programmen und Konzepten
• Gestaltung der Zusammenarbeit zwischen Eltern, Träger und pädagogischen Fachkräften
• Angebote für die Elternbildung
• Gesundheitserziehung der Kinder
• Möglichkeiten zur Unterstützung des Trägers in organisatorischen, baulichen und personellen Angelegenheiten
• Beteiligung bei der Festlegung der Öffnungszeiten
• Transparenz in einzelnen Finanzierungsangelegenheiten
• Mitsprache in spezifischen Personalangelegenheiten
• Beteiligung im Verfahren der Erstellung und Verabschiedung des Bedarfsplans

Die Zusammenarbeit mit den Eltern ist ein kontinuierlicher Prozess über die ganze Kita-Zeit hinweg; es gibt aber auch bestimmte Ereignisse, die aktuell eine intensivere Kooperation notwendig machen:
• Übergang vom Elternhaus in die Einrichtung
• Entwicklungsgespräche

- Bewältigung von konflikthaften Situationen
- Übergang von der Krippe in die Kita
- Übergang von der Kita in die Schule
- Ausnahmeregelungen für spezielle Bedürfnisse der Familien
- Deutlich unterschiedliche Auffassungen von Erziehung und Bildung
- Besondere Bedürfnisse des Kindes, die diagnostische Untersuchungen oder therapeutisches Eingreifen erforderlich machen
- Verdacht auf Kindeswohlgefährdung

## Zusammenarbeit auf Augenhöhe

Die meisten Einrichtungen betonen in ihrem pädagogischen Konzept den großen Stellenwert der Zusammenarbeit mit den Eltern. In der Umsetzung bedeutet dies ganz generell einen feinfühligen Umgang miteinander – gerade auch, wenn es um Eltern mit Fluchterfahrungen geht. Eine offene Haltung der pädagogischen Fachkräfte gegenüber den Eltern signalisiert, dass die Familien mit allen ihren Anliegen willkommen sind und das Team sich für die Belange der Eltern interessiert.

PRAXIS

*Ayshe darf nicht ins Planschbecken*

*Der Erzieher, Herr Imanov, trifft im Flur Ayshe (4,1 Jahre), die mit ihrer Mutter, Frau Sabu, darüber streitet, ob das Mädchen ins Planschbecken darf oder nicht. Als Frau Sabu Herrn Imanov sieht, bittet sie ihn zu sich und erklärt ihm, dass Ayshe nicht ins Wasser darf.*

*Angesichts der heißen Temperaturen wundert sich Herr Imanov darüber und fragt nach den Gründen für dieses strikte Verbot. Frau Sabu erzählt, dass sie gestern gesehen habe, wie drei Kinder nackt im Garten der Kita herumgelaufen sind. Sie möchte nicht, dass sich Ayshe außerhalb der Familie unbekleidet zeigt. Herr Imanov stimmt ihr zu. Auch das Team der Kita Sonnenschein, so betont er, möchte nicht, dass sich die Kinder nackt in der Kita bewegen. Und er berichtet, dass die pädagogischen Fachkräfte darüber auch schon mehrfach mit den Kindern gesprochen haben. Allerdings brauche es Zeit, bis die Kinder dieses Verhalten eingeübt und die Regeln gelernt haben.*

*Herr Imanov macht Ayshe und ihrer Mutter einen Vorschlag: Kinder, die eine sehr empfindliche Haut haben oder aus anderen Gründen nicht nackt sein können, tragen ein kurzärmeliges T-Shirt und eine kurze Hose. Für heute kann sich Ayshe die Kleidung leihen, morgen soll sie dann Leggings und Shirt von zu Hause mitbringen. Neben dem Planschbecken wurde bereits ein Paravent aufgestellt, hinter dem sich die Kinder umziehen können.*

*Ayshe freut sich, dass sich ihre Mutter mit dem Vorschlag einverstanden erklärt und hüpft fröhlich davon. Herr Imanov bedankt sich bei Frau Sabu für die Offenheit und die Möglichkeit, gemeinsam im Gespräch eine Lösung im Sinne von Ayshe zu finden, und verabschiedet sich.*

Warum hat die Verständigung in unserem Praxisbeispiel so gut geklappt? Herr Imanov hat das Anliegen von Frau Sabu verstanden und ernst genommen. Er geht freundlich auf die Mutter zu und ist aufrichtig an ihrem Anliegen interessiert. Schnell wird klar, dass die beiden einen gemeinsamen Nenner haben. Herr Imanov unterstützt das Interesse der Mutter, dass sich die Kinder nicht nackt in der Einrichtung bewegen. Der achtsame Umgang übermittelt Frau Sabu das Gefühl, akzeptiert zu sein, gerade auch, weil Herr Imanov die Kleiderfrage nicht am muslimischen Glauben festmacht. Die Mutter erlebt, dass auf ihre Wünsche eingegangen wird.

Grundsätzlich ist es wichtig, dass die Verantwortlichkeiten offen angesprochen werden und aushandelbar sind. Die Eltern, ihre Mitsprache und Mitarbeit, sind in der Kita jederzeit willkommen. Das fördert das Kennenlernen, ermöglicht ein Lernen am Modell, gibt den Eltern die Bestätigung, dass ihre Kompetenzen gesehen werden, und bedeutet letztlich nichts anderes als gelebte Inklusion.

Gelingt es während der Eingewöhnung (siehe Seite 83 f.), mit den Eltern in einen guten, vertrauensvollen Kontakt zu kommen, ist die Basis für eine gelingende Kooperation entstanden. Fühlen sich die Eltern mit der Einrichtung verbunden, erleben sie sich als ein wertgeschätztes Mitglied dieser Gemeinschaft und sind schneller bereit, einmal mitzuhelfen und sich zu engagieren. Dies ist vor allem dann hilfreich, wenn etwas einmal nicht so glatt läuft und Konflikte entstehen.

### Was tut Roberto gut?

*Frau Gerini kommt, als sie ihren Sohn Roberto (4,1 Jahre) am Nachmittag in der Kita Sonnenschein abholen will, in den Gruppenraum. Sie spricht Frau Rosenstock darauf an, dass Roberto ihr erzählt habe, dass er während der gesamten Frühstückszeit im Garten war und so bis zum Mittagessen nichts gegessen hätte. Sie erwarte aber von den pädagogischen Fachkräften im Haus, dass sie Roberto immer zum Frühstück schicken und er mindestens ein Brot essen müsse.*

Verschiedene Annahmen über das, was einem Kind guttut, gibt es häufig in der Kooperation mit Eltern. Die Bilder vom Kind, die pädagogischen Haltungen, die Familienkulturen und die Kultur in Krippe, Kita oder Hort widersprechen sich manchmal, und es braucht einen Aushandlungsprozess, um auf einen gemeinsamen Nenner zu kommen.

Sprechen Eltern wenig oder gar kein Deutsch, gestalten sich diese Aushandlungsprozesse in aller Regel schwierig. Selten gelingt die Lösung „schnell mal" in einem Tür-und-Angelgespräch, da hier zum Beispiel ein anderes Elternteil oder auch ein ehrenamtlicher Helfer zum Dolmetschen gebraucht wird. Es ist nicht zu empfehlen, diese Aushandlungsprozesse ohne sprachliche Unterstützung zu versuchen, da die Gefahr droht, dass Missverständnisse entstehen und letztlich dann eine starre Regelung vonseiten der Einrichtung getroffen wird, an der sich die Eltern nicht beteiligt fühlen. Oder aber die pädagogischen Fachkräfte haben das Gefühl, die Eltern beharren auf ihrem Recht und setzten sich damit auch durch.

Manchmal gelingt es trotz aller Bemühungen nicht, zu einer gemeinsamen Lösung zu kommen. Dann ist es wichtig, bei der in der pädagogischen Konzeption festgelegten Regelung zu bleiben und die Eltern zu bitten, die Umsetzung – zum Beispiel in Bezug auf Roberto aus unserem Praxisbeispiel: „Das Essen findet selbstbestimmt statt ..." – für zwei bis drei Monate zu beobachten und anschließend erneut das Gespräch mit der pädagogischen Fachkraft zu suchen, um die Beobachtungen auszutauschen. Damit wird den Eltern Zeit gegeben, sich einmal in der praktischen Beobachtung mit dem Thema auseinanderzusetzen, und sie werden in ihrer Kompetenz bestärkt, sich eine eigene Meinung zu bilden.

Das zentrale Thema in der Zusammenarbeit mit den Eltern ist, die Kompetenzen und die Ressourcen der Familien zu sehen, sie zu nutzen und damit auch wertzuschätzen. Aus unseren Praxisbeispielen kennen Sie bereits eine Mutter, die die Arbeit im Nähatelier unterstützt, Eltern, die Fahrdienste übernehmen etc.

Es gibt zahlreiche Möglichkeiten, Familien einzuladen, in der Einrichtung aktiv zu sein und ihre Kompetenzen einzubringen. Gerade Eltern aus anderen Ländern und Kulturen sind für alle Kinder in der Einrichtung eine Bereicherung, wenn sie Einblick geben in die eigene Kultur, bei typischen Kinderspielen, bei Musik und Tanz, bei den Mahlzeiten ...

Für Eltern, die ehrenamtlich oder möglicherweise auch als Ein-Euro-Jobber (dazu erkundigen Sie sich bitte bei Ihrem Jobcenter) in der Einrichtung tätig sein können, bieten sich viele Lernfelder. Sie lernen die Sprache im Handeln, bekommen zunehmend ein umfassenderes Verständnis der pädagogischen Bildungskultur in der Kita, können erstmals nach ihrer Flucht ein wenig Fuß in der Arbeitswelt fassen und erleben vielfältige Bestätigung für ihr Tun, was in der häufig schwierigen Anfangssituation ausgesprochen unterstützend wirkt.


## Der Beginn der Kooperation: Die Eingewöhnung

Untersuchungen haben gezeigt: Wenn der Übergang in die Kita unbegleitet bleibt, die Kinder am ersten Tag in der Einrichtung quasi abgegeben werden, sind sie in der Folge häufiger krank und explorieren insgesamt weniger, was auch Auswirkungen auf das Lernen hat. In Deutschland hat sich ein elternbegleitetes Eingewöhnungsmodell durchgesetzt; die Kinder können sich langsam von der Hauptbindungsperson lösen und aktiv den Kontakt zur Bezugserzieherin / zum Bezugserzieher aufnehmen (Laewen 2007). Dieses Modell ist unserem stark auf die Eltern bezogenen Betreuungsverständnis geschuldet.

Grundsätzlich werden zwei kulturspezifische Beziehungsmodelle unterschieden. Für Europa und andere Industriestaaten wird der Begriff der psychologischen Autonomie gebraucht. Darunter wird ein Beziehungsmodell verstanden, in dem die Beziehungen innerhalb und außerhalb der Familie individualisiert und mit Blick auf die Autonomie des Einzelnen gestaltet werden. Beziehungen entstehen da, wo Menschen Gemeinsamkeiten miteinander teilen, sich mögen und gemeinsame Vorlieben und Wünsche verfolgen. Dagegen trifft man das Modell der hierarchischen Verbundenheit häufiger in ärmeren Ländern an, in denen die Autonomie weniger bedeutsam ist, da die Familien, die Sippen oder Stämme nur überleben können, wenn alle sich dem Gemeinwohl unterordnen und den ihnen zugewiesenen Verpflichtungen nachkommen (vgl. Borke et al. 2014, S. 20f.).

Viele Kinder, die mit zwei Jahren in Deutschland in die Krippe kommen, kennen als Betreuungsperson nur die Mutter und / oder immer häufiger auch den Vater. Das ist nicht in allen Kulturen so: Um ein Kind zu erziehen, braucht es ein ganzes Dorf, sagt ein afrikanisches Sprichwort. Und so kommen manche Kinder mit der Erfahrung in die Kita, dass sich alle Erwachsenen in ihrem Umfeld um sie kümmern. Die Aufmerksamkeit in diesen Gesellschaften gilt der funktionierenden Dorfgemeinschaft mit ihren Regeln und nicht der einzelnen Familie oder dem Individuum. Die Kinder konzentrierten sich nicht so stark auf eine Bindungsperson, sondern wachsen mit vielen „Müttern" und vielen „Vätern" auf. Diese Sozialisation ermöglicht es den Kindern in aller Regel, schnell mit der pädagogischen Fachkraft in Kontakt zu kommen und sich von den Eltern zu lösen. Die Kinder zeigen weniger Trennungsschmerz, nachdem sie die Einrichtung und die tollen Spielmöglichkeiten dort erst einmal kennengelernt haben.

In Kulturen, in denen die großen Kinder in der Hauptsache für die Kleineren die Verantwortung übernehmen, erziehen sich die Kinder gegenseitig – eine andere Form der Beziehungsgestaltung und des Lernens. Die Kinder untereinander sind direktiv und diskutieren in der Regel nicht lange, sondern gehen schnell ins Handeln. Diese Kinder haben bereits Erfahrung damit, zu einer Kindergruppe zu gehören; hier erleben sie die vertraute Sicherheit. Deshalb ist es auch hilfreich, in der Kita das Modell des Kinderpaten einzuführen. Die Kinder profitieren besonders davon, wenn der etwas ältere Pate dem Eingewöhnungskind aktiv die Einrichtung zeigt, seine Sprache spricht und sich als Spielpartner zur Verfügung stellt.

Manche Eltern mit Fluchterfahrungen haben so erst einmal wenig Verständnis für die ihnen lang erscheinenden Eingewöhnungszeiten, wie sie sich in Deutschland etabliert haben. Doch gerade Kinder mit Fluchterfahrungen haben ein Anrecht auf eine begleitete Eingewöhnung durch vertraute Bezugspersonen, die ihnen eine behutsame Annäherung an das ihnen Fremde ermöglichen. Die pädagogische Fachkraft braucht Zeit, um die Interaktionen zwischen Bezugsperson und Kind zu beobachten. Wie die Eingewöhnung verläuft, muss für die Eltern einleuchtend beschrieben werden; sie wird im Detail auf das Kind abgestimmt und mit den Eltern ausgehandelt. Eingewöhnungen können sich dann zum Beispiel auch auf zwei Wochen verkürzen. Da die pädagogische Fachkraft den Prozess der Eingewöhnung mithilfe gezielter Beobachtungen immer ganz am Kind und seinem Verhalten orientiert, wird sie die richtige Zeitplanung finden.

### Familie Ayan im Eingewöhnungsgespräch

*Familie Ayan ist heute in die Kita Sonnenschein eingeladen, um mit Frau Rosenstock die Eingewöhnung von Rozet (4,8 Jahre) und Zahira (2,9 Jahre) zu besprechen. Frau Rosenstock hat eine Kollegin dazugebeten, die arabisch spricht und als Erzieherin in einer Kita in der Nähe arbeitet. Sie wird das Gespräch dolmetschen und ist mit dem kulturellen Hintergrund der Familie vertraut. Frau Rosenstock hat selbstverständlich in einem Brief im Vorfeld Familie Ayan das Übersetzungsangebot unterbreitet, die sich daraufhin schriftlich damit einverstanden erklärt hat.*

*Rozet und Zahira sind bei dem Gespräch dabei, um von Anfang an an diesem Prozess teilzuhaben, der für sie selbst ja die größte Herausforderung darstellt. Ihnen stehen einige Spielsachen zur Verfügung, und es gibt für alle Getränke und Kekse.*

*Zu Beginn des Gespräches werden Herr und Frau Ayan eingeladen, ein wenig über sich zu erzählen. Sie berichten, woher sie kommen, wie schwierig und anstrengend die Flucht war und dass es in ihrer Unterkunft wenig andere Familien gibt, die arabisch sprechen. Die Eltern sind froh, dass die Kinder nun einen Erlebnisraum kennenlernen, in dem sie mit anderen Kindern spielen und die deutsche Sprache lernen können.*

*Rozet hat in der Unterkunft ein Mädchen kennengelernt, das auch in die Kita Sonnenschein geht, und freut sich schon deshalb auf die Zeit in der Einrichtung. Sie ist sehr selbstständig und hat zu Hause in Syrien bereits viel Verantwortung für Zahira übernommen. Es ist dort üblich, dass alle Kinder die meiste Zeit draußen sind, die großen Kinder auf die Kleinen aufpassen und die Eltern sich auf die größeren Kinder verlassen können. Zahira ist schüchtern und traut sich nicht, mit anderen Kindern etwas zu unternehmen, wenn Rozet nicht dabei ist. Die Eltern wünschen sich deshalb, dass die beiden Mädchen in der Kita zusammen in eine Stammgruppe aufgenommen werden.*

*Behutsam versucht Frau Rosenstock nun herauszufinden, wie angstbesetzt die Flucht für die gesamte Familie war. Familie Ayan hat, relativ gesehen, noch Glück gehabt; sie haben zwar die Verwüstungen des Krieges gesehen, doch konnten die Eltern ihre Kinder immer vor Gewalterfahrungen schützen. Das Leben in der Unterkunft beschreibt die Mutter als enorm einschränkend für alle, die dort leben. Deshalb, so erzählt sie, weint Rozet oft, weil sie zurück nach Hause will.*

*Im zweiten Teil des Gespräches versucht Frau Rosenstock mit den Kindern in Kontakt zu kommen und ihnen ein wenig vom Alltag in der Kita zu erzählen. Die Kinder hören genau zu; auch wenn Zahira sich auf dem Schoß ihrer Mutter versteckt, ist es ihr deutlich anzusehen, dass sie alles genau wissen will. Als die Übersetzerin einen kleinen Spruch aufsagt und diesen mit Gebärden unterstützt, um den Mädchen zu zeigen, was in einem Stammgruppenkreis gemacht werden kann, lächeln die beiden und ahmen die Gesten nach.*

Um das Eingewöhnungsmodell der Einrichtung konkret zu besprechen, ist es sinnvoll, die Informationen in die Muttersprache der Eltern übersetzen zu lassen. Die einzelnen wichtigen Punkte können dann anhand des Textes noch einmal durchgesprochen und offene Fragen geklärt werden.

Besonders wichtig ist es, den Eltern einen kurzen Abriss über die Arbeit in der Einrichtung zu geben, wobei die Ziele und die Tagesstruktur genau beschrieben werden. Das Konzept der Einrichtung wird skizziert, und die Themen Schlafen sowie Sauberkeitserziehung werden besprochen. Häufig werden die Regeln, die in der Einrichtung gelten, dabei vergessen zu erwähnen. Da viele Eltern mit Fluchterfahrungen das Konzept von Krippe, Kita oder Hort nicht kennen, brauchen sie grundlegende Informationen. Dazu einige Beispiele aus der Praxis:

- Das Kind und seine Bezugsperson sollten während der Eingewöhnung zum vereinbarten Zeitpunkt in der Einrichtung sein, weil die pädagogische Fachkraft dann keine weiteren Aufgaben hat und ganz für das Kind sowie Mutter oder Vater da sein kann.
- Das Kind und seine Bezugsperson bleiben die ersten Wochen in dem Funktionsraum, in dem ihre Bezugserzieherin beschäftigt ist.
- In der Einrichtung finden pro Woche eine Kinderkonferenz und zwei Stammgruppenkreise statt. In altershomogenen Gruppen werden hin und wieder Bildungsaktivitäten angeboten, ansonsten unterstützen die pädagogischen Fachkräfte die Kinder in ihrem Tun während der selbstgestalteten Bildungszeit. In dieser Zeit wählen sich die Kinder den Raum und die Spielkameraden selbst. Auch der Garten steht den Kindern den ganzen Tag als Funktionsraum zur Verfügung. Dies gilt, wenn das Kind eingewöhnt ist.
- Jedes Kind in der Eingewöhnung hat ein Schulanfängerkind als Pate; die Paten kümmern sich mit um die Kinder, laden sie zum Spielen ein und begleiten sie im Tagesablauf, wenn die Kinder das wollen.
- Sind die Kinder bereits drei oder vier Wochen schon etwas länger und ohne Elternteil in der Einrichtung, können sie am Frühstücksbüffet teilnehmen. Für den Anfang benötigen die Kinder ihnen vertraute Speisen, die von den Eltern mitgegeben werden. Auch danach sind die Eltern herzlich eingeladen, immer wieder einmal eigene Spezialitäten mitzubringen, damit auch das Buffet kulturelle Vielfalt zeigt. Mittwochs können Eltern in der Einrichtung mit den Kindern gemeinsam etwas kochen oder backen.
- Die Kinder brauchen Matschhosen und Gummistiefel für den Garten. Für die erste Zeit wird die Kleidung von der Kita gestellt, später bringen die Kinder die Sachen von Zuhause mit.
- Die Kinder sollen pünktlich abgeholt werden, da die Erzieherinnen und Erzieher noch vielfältige andere Verpflichtungen zu erledigen haben.

# 7

# Unterstützendes für das Team

Teamarbeit kann als ein unterstützendes System verstanden werden. Hat ein Team eine gemeinsame Haltung im pädagogischen Alltag gefunden, erfahren alle Beteiligten Handlungssicherheit. Die gemeinsame Reflexion hilft dabei, sich selbst in der professionellen Rolle weiterzuentwickeln, was wiederum das Selbstbewusstsein stärkt.

Kommen Kinder mit Fluchterfahrungen in die Einrichtung, ist es gerade für Teams, die bereits eine hohe pädagogische Qualität erreicht haben, selbstverständlich, sich mit den neuen Themen, die sie zusammen mit den Kindern und ihren Familien entdecken, auseinanderzusetzen. Themen wie Identität und Kultur, die auch in der bisherigen Arbeit schon eine Rolle gespielt haben, bekommen hier nochmals eine besondere Bedeutung. Die Vernetzung im Sozialraum wird sich möglicherweise auf neue Institutionen und Personengruppen erweitern.

## Reflexion: Die Frage nach der Identität

Wer bin ich, und wer bist du? Worin unterscheiden wir uns? Welche Bilder haben wir von uns selbst, von den Kollegen und Kolleginnen und von den Menschen, die als Flüchtlinge zu uns kommen? Auf welche Kompetenzen können wir uns bei uns selbst, aber auch im Team verlassen? Welchen Teil trage ich dazu bei? Kann ich hilfreich sein für andere, aber auch für mich selbst? Diese Fragen können in Teamtagen oder in der Teamsitzung immer wieder aufgegriffen werden.

Das Arbeitsblatt „Welche Identitätsmerkmale machen mich aus?" (siehe Seite 88) kann ein guter Einstieg ins Thema sein. Zuerst füllt jeder das Blatt für sich allein aus und legt es erst einmal zur Seite. Die Arbeitsblätter können später reihum weitergegeben werden, und alle notieren auf das jeweilige Blatt, was sie als besonderes Identitätsmerkmal der betreffenden Person wahrnehmen. Im gemeinsamen Gespräch werden die Eintragungen zusammen reflektiert: Was sehen die anderen, was ich nicht wahrnehme? Was nehme ich wahr, was die anderen nicht sehen?

### Welche Identitätsmerkmale machen mich aus?

Gerade wenn eher philosophische Fragen über die eigene Identität aus dieser Reflexion entstehen, ist der Prozess gelungen. Es geht nicht darum, sich gegenseitig „richtig" zu sehen, sondern sich damit zu beschäftigen, dass jemand aus unterschiedlichen Perspektiven auch ganz unterschiedlich wahrgenommen werden kann und das Selbstbild ebenfalls abhängig ist vom jeweiligen Kontext, von den verschiedenen Rollen, die jeder Mensch einzunehmen hat.

## Reflexion: Die Frage nach der Kultur

Um sich kulturspezifische Bewertungen bewusst zu machen, ist es gut, sich im Team gegenseitig auf solche Situationen aufmerksam zu machen und sie miteinander zu besprechen. Damit wird der Bewertungsprozess unterbrochen. Dazu wird im Team die jeweilige Situation nochmals genau beschrieben.

PRAXIS

*„Hawar ist auch nicht anders als andere Jungs!"*
*Der aus dem Irak stammende Vater von Hawar (5,6 Jahre) spricht die Praktikantin Emilie im Flur an: Sein Sohn habe gestern zu Hause erzählt, dass sie ihn umgezogen habe, nachdem er im Tonatelier seine Kleidung nass gemacht hat. Wie kommt Emilie dazu, einen Muslim, der fast zur Schule geht, nackt anzusehen? Schließlich gäbe es hier auch Männer im Haus, die das machen könnten.*
   *Emilie wird sofort wütend und sagt sehr laut: „Hawar ist auch nicht anders als andere Jungs! Ich war mit ihm im Atelier und damit auch zuständig." Dann dreht sie sich um und geht.*

In der nächsten Teamsitzung spricht Emilie, die weiß, dass das nicht ihr bestes Elterngespräch war, die Szene nach Absprache mit ihrer Anleitung an. Sie versucht nach der Schilderung der Situation auch ihre Kränkung zu formulieren: Emilie hat das Gefühl, sie sei als Frau nicht gut genug für Hawar, obwohl sie mit ihm viel macht und nun auch die Arbeit am Portfolio mit ihm übernommen hat.

   Gemeinsam überlegt das Team anschließend, was der Auslöser der Irritation gewesen sein kann. War es Wut oder Kränkung? Gab es beim Gegenüber in der Situation Gefühle wie Aggression oder Hilflosigkeit, die ich wahrnehmen konnte? Kann ich die Irritationen auf situative oder individuelle Faktoren zurückführen? Welche (kulturellen) Werte, Verhaltenskonventionen und Einstellungen haben meine Bewertung beeinflusst? Gibt es im Team andere Perspektiven, wie eine solche Situation auch bewertet werden könnte? (Im Beispiel könnte es sein, dass es Hawar ganz unabhängig von seinem Glauben unangenehm war, dass Emilie ihn nackt gesehen hat, da Kinder im Vorschulalter ein bereits deutlich entwickeltes Schamgefühl besitzen.) Was wäre eine ressourcenorientierte Beschreibung?

   Achtung: In einem Team, in dem es starke Konflikte gibt, könnte diese Auseinandersetzung die Situation allerdings noch verschärfen, da die Beteiligten dann dazu neigen, sich gegenseitig eher negativ zu bewerten und sich nicht in der Selbstreflexion unterstützen.

*Viele Kinder sind fleißig ...*

*Freitags in der Kita Sonnenschein sind Vanessa (4,8 Jahre), Merath (4,3 Jahre) und Antonia (4,8 Jahre) dabei, ihren Dienst im Bistro zu machen. Sie werden von Paul, dem Praktikanten, begleitet. Sie wischen alle Tische ab, stellen die Stühle hoch und kehren durch. Während Antonia und Vanessa danach sofort in den Garten flitzen, bleibt Merath noch da, räumt die Besen auf und fragt Paul, ob sie den Müll rausbringen soll. Paul sagt daraufhin: „Ach, ihr arabischen Mädchen, ihr seid einfach so fleißig." Herr Imanov, der Anleiter von Paul, hört das und sagt zu Merath: „Viele Kinder sind fleißig, und du warst es heute ganz besonders. Vielen Dank, Merath, den Müll bringen wir selber raus!"*

In diesem Beispiel hat niemand etwas falsch gemacht, und trotzdem lohnt es sich, die Situation im Team einmal genauer zu betrachten. Paul ist seiner Vorstellung von Kindern aus dem arabischen Sprachraum aufgesessen, und Herr Imanov hat die Generalisierung und Stigmatisierung, die in Pauls gut gemeintem Lob steckt, verstanden und das Lob entsprechend umformuliert und erweitert. Solche Aussagen begegnen mir in meinen Beratungen immer wieder, und es ist gut, sich im Team gegenseitig darauf aufmerksam zu machen und sie anschließend gemeinsam zu bearbeiten.

In Kapitel 2 wurde deutlich, dass es nicht darum gehen kann, Vorurteile gänzlich zu vermeiden, sondern sich vielmehr der eigenen Vorurteile bewusst zu werden. Die folgende Übung kann dabei helfen:

Die Teammitglieder schreiben gemeinsam im Brainstorming (alles, was den Teilnehmenden einfällt, wird notiert, ohne es zu diskutieren) auf, welche Assoziationen der Begriff „Familien aus (zum Beispiel) Syrien" bei ihnen weckt. Hier fließen die ganz persönlichen Vorstellungen über Eigenschaften und Verhaltensweisen der betreffenden Bevölkerungsgruppe ein, aber auch alles, was man schon irgendwann einmal gehört hat.

Hat niemand im Team mehr weitere Ideen, wird notiert, was jedem zu einer ganz bestimmten aus Syrien stammenden Familie in der Kita einfällt. Dabei wird für jedes Familienmitglied ein eigenes „Profil" erstellt.

Nun wird das Profil der einzelnen Familienmitglieder mit den Vorstellungen aus dem ersten Schritt der Übung verglichen. Alle Einschätzungen, die in beiden Brainstorming-Notizen vorkommen, werden umrandet. Übrig bleiben die Vorstellungen = Vorurteile, die sich nicht auf die eigene Erfahrung, zumindest nicht mit dieser bestimmten Familie, stützen.

## Hilfesysteme im sozialen Umfeld

Zu den Aufgaben der Kindertageseinrichtungen gehört auch die Zusammenarbeit mit anderen Einrichtungen, Personen etc. im Sozialraum zum Wohle des Kindes. Folgende Ansprech- und Vernetzungspartner können unter anderen bei der Zusammenarbeit mit Familien mit Fluchterfahrungen Unterstützung und Austausch bieten:

Aktuelle Fragen, die die Regelbedingungen für Kinder in den Einrichtungen betreffen, beantworten die Jugendämter, die Kreisjugendämter und die Landesjugendämter. Auch gibt es zahlreiche Migrationsberatungsstellen, an die Sie sich wenden können. Die zuständigen Stellen vor Ort sind leicht über das Internet herauszufinden. Über die Flüchtlingsräte (siehe Seite 92) erhalten Sie vor allem Adressen, an die Sie sich mit konkreten Fragestellungen wenden können.

In fast allen Gemeinden haben sich inzwischen Arbeitskreise oder Netzwerke ehrenamtlicher Helfer zusammengefunden, die über ein großes Wissen zum Thema verfügen und Ihnen bei Bedarf häufig auch spezifische Anlaufstellen nennen können. Insgesamt ist die Struktur in den Kommunen sehr unterschiedlich organisiert und eine regionale Internetrecherche oft unbefriedigend. Gute Ansprechpartner vor Ort sind die Kirchengemeinden, die kommunale Gemeinde oder die Sozialarbeiterinnen und Sozialarbeiter in den Unterkünften für Familien mit Fluchterfahrungen.

# Adress- & Materialverzeichnis

## (Internet-)Adressen

Anregungen zur Ausstattung von Bildungsräumen – unter: www.kindergartenpaedagogik. de/2222.html

Children for Tomorrow: Stiftung des bürgerlichen Rechts zur Unterstützung von Kindern mit Fluchterfahrung. www.children-for-tomorrow.de/

Flüchtlingsräte deutschlandweit suchen: www.proasyl.der/beratungsstellen-vor-ort/

Inklusive vielfältige pädagogische Materialien insbesondere im Bereich Sprachförderung – unter: www.ariadne.de/inklusiv/sprachfoerderung-unterstuetzte-kommunikation/einfache-sprachausgabegeraete/7593/sprach-buzzer-n/537-13769/

Migrationsberatungsstellen deutschlandweit suchen: www.diakonie.de/service-navigator. html?action=map

Pädagogische Grundlagentexte (Was ist eine Krippe, eine Kita oder ein Hort? Eingewöhnungs-modell etc.), übersetzt in die unterschiedlichsten Sprachen – unter: www.heike-baum.de/ index.php/uebersetzerportal

Rechtliche Grundlagen zu Kindern mit Fluchterfahrungen in der Kindertagesbetreuung – unter: www.kvjs.de/meta/startseite/fluechtlingskinder-uma/kindertagesbetreuung.html

Übersetzungsportal für Krippe, Kita und Hort. Hier können Sie sich eintragen, um Texte oder Gespräche übersetzen zu lassen oder herauszufinden, wer Ihnen bei Übersetzungen be-hilflich sein kann – unter: www.heike-baum.de/index.php/uebersetzerportal

Zentrum für Trauma- und Konfliktmanagement (ZTK) GmbH, Clemensstr. 5–7, 50676 Köln. www.ztk-koeln.de

## Hilfreiches Material & weiterführende Literatur

Kinderbücher und Märchen – zum Beispiel unter: www.edition-orient.de/ oder www.maerchensammler.wordpress.com/2013/03/10/ardschi-bordschi-chan-7/

Mehrsprachige Bilder- und Kinderbücher auf Deutsch, Englisch, Arabisch und Farsi – unter: www.anadolu-verlag.de

Persona Dolls© – unter: www.situationsansatz.de/persona-dolls-125.html – „sind ganz besondere Puppen. Sie stehen für Kinder unterschiedlichster Herkunft und Familienkultur. Sie repräsentieren die Vielfalt in unserer Welt. Sie bekommen ein Geschlecht, eine Hautfarbe, einen Namen, Eltern und vielleicht Geschwister, Freunde, eine Lebens- und Familiengeschichte und individuelle Besonderheiten. Die Persona Dolls besuchen die Kindergruppe, und die Kinder kommen an ihrem Beispiel über das eigene Erleben ins Gespräch, sie lernen sich einzufühlen und sich auszudrücken".

DVD: Wie Kinder zum Deutsch kommen (2014): www.av1-shop.de/schulen/464/-wie-kinder-zum-deutsch-kommen-fh

DVD: Kinder mit Fluchterfahrungen in der Kindertagesbetreuung (2016): www.av1-shop.de/alle-dvds/filme/336/kinder-mit-fluchterfahrungen-in-der-kindertagesbetreuung?c=78

Butz, Birgit et al. (2013): Singen, spielen, erzählen mit Kindergebärden. Münster: Ökotopia.

Elschenbroich, Donata & Schweizer, Otto (2008): DVD: Portfolio. Das Bildungsbuch im saarländischen Kindergarten. Berlin: verlag das netz.

Friebel, Volker (1997): Schlüssel in kleine Hände. Freiburg: Herder.

Kaiserlingk, Linde von (1995): Geschichten für die Kinderseele. Freiburg: Herder spektrum.

Laewen, Hans-Joachim; Andres, Beate & Hédervári-Heller, Éva (2007): Ohne Eltern geht es nicht. Die Eingewöhnung von Kindern in Krippe und Tagespflegestellen. Berlin: Cornelsen.

Regel, Gerhard (2008): Plädoyer für eine offene Pädagogik der Achtsamkeit. Zur Zukunft des offenen Kindergartens. Hamburg: EB.

Salbert, Ursula (2010): Ruheinseln für ErzieherInnen. Münster: Ökotopia.

Stein, Susanne: Ein Bilderbuch für traumatisierte Kinder und ihre Familien mit Fluchterfahrungen – unter: susannestein.de/VIA-online/traumabilderbuch.html

# Literaturverzeichnis

Berg, Fabienne (2014): Übungsbuch Resilienz. Paderborn: Junfermann.

Borke, Jörn et al. (2014): Entwicklung und Bildung in der Frühen Kindheit. Kultursensitive Frühpädagogik. Stuttgart: Kohlhammer.

Brisch, Karl Heinz (2014): Safe® – Sichere Ausbildung für Eltern. Stuttgart: Klett Cotta.

Brisch, Karl Heinz (2015): Bindungsstörungen. Von der Bindungstheorie zur Therapie. Stuttgart: Klett Cotta.

Bundesamt für Migration und Flüchtlinge (2016): Aktuelle Zahlen zu Asyl. www.bamf.de

Costa, Judith (2015): Flüchtlingskinder: in erster Linie Kinder. DVD: Vortrag, AV 1. Kaufungen.

Deutsches Jugendinstitut e. V. (DJI) (2013): Inklusion – Kulturelle Heterogenität in Kindertageseinrichtungen. München: WiFF.

Elschenbroich, Donata & Schweizer, Otto (2008): DVD: Portfolio. Das Bildungsbuch im saarländischen Kindergarten. Berlin und Weimar: verlag das netz.

Franz, Matthias & West-Leuer, Beate (Hrsg.) (2008): Bindung, Trauma, Prävention. Gießen: Psychosozial.

Gartinger, Silvia & Janssen, Rolf (2015): Erzieherinnen + Erzieher. Berlin: Cornelsen.

Henneberg, Rosy; Klein, Lothar & Schäfer, Gerd E. (2011): Das Lernen der Kinder begleiten. Bildung, Beziehung, Dialog. Ein Fotoband. Seelze: Klett Kallmeyer.

Herrmann, Karsten (2016): Kultur ist die Brille, durch die wir die Welt sehen. Niedersächsisches Institut für frühkindliche Bildung und Entwicklung: www.nifbe.de

Hofbauer, Christiane (2017): Kinder mit Fluchterfahrungen in der Kita. Leitfaden für die pädagogische Praxis, 2. Auflage. Freiburg: Herder.

Krüger, Andreas (2015): Erste Hilfe für traumatisierte Kinder. Ostfildern: Patmos.

Laewen, Hans-Joachim et al. (2007): Ohne Kinder geht es nicht. Berlin: Cornelsen.

Leu, Hans Rudolf et al. (2007): Bildungs- und Lerngeschichten. Berlin: verlag das netz.

NUBBEK – Nationale Untersuchung zur Bildung, Betreuung und Erziehung in der frühen Kindheit (2013): www.nubbek.de

Reiz, Herbert & Hüther, Gerald (2014): Wie Kinder heute wachsen: Natur als Entwicklungsraum. Ein neuer Blick auf das kindliche Lernen, Fühlen und Denken. Weinheim: Beltz.

Rönnau-Böse, Maike & Fröhlich-Gildhoff, Klaus (2014): Resilienz im Kita-Alltag. Freiburg: Herder.

Roth, Xenia (2014): Handbuch Elternarbeit. Bildungs- und Erziehungspartnerschaft in der Kita. Freiburg: Herder.

Rothweiler, Monika & Ruberg, Tobias (2011): Der Erwerb des Deutschen bei Kindern mit nicht-deutscher Erstsprache. München: WiFF.

Schlösser, Elke (2012): Zusammenarbeit mit Eltern – interkulturell. Münster: Ökotopia.

Spitzer, Manfred (2007): Erfolgreich lernen in Kindergarten und Schule. DVD: Vortrag. Mühlheim/Baden: joker edition.

Sulzer, Annika (2013): Kulturelle Heterogenität in Kitas. München: WIFF.

Ulich, Michaela & Mayr, Toni (2006): PERiK Positive Entwicklung und Resilienz im Kindergartenalltag: 10 Beobachtungsbögen mit Begleitheft. Freibug: Herder.

Vahle, Fredrik (2014): Kinder durch Bewegung und Musik innerlich stärken. Weinheim und Basel: Beltz.

Werner, Emmy & Smith, Ruth (1982): Vulnerable but invincible: A longitudinal study of resilient children and youth. New York: McGraw Hill.

Wustmann Seiler, Corina (2012): Resilienz. Widerstandsfähigkeit von Kindern in Tageseinrichtungen fördern (4. Auflage). Berlin: Cornelsen.

Wyrobnik, Irit (Hrsg.) (2012): Wie man ein Kind stärken kann. Göttingen: Vandenhoeck & Ruprecht.

Zimpel, André Frank & Hüther, Gerald (2013): Lasst unsere Kinder spielen! Der Schlüssel zum Erfolg. Göttingen: Vandenhoeck & Ruprecht.

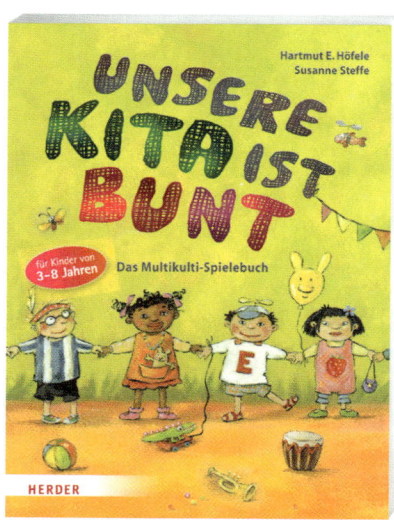